本书系 2024 年度上海市教育科学研究项目" 新时代小学生'仁爱思想'扎根教育的行动研究 "（课题编号：C2024053）的阶段性研究成果之一

"新师说"书系

师有仁生有爱

新时代小学"仁爱教育"的传承与创新

顾彩娟　著

文汇出版社

目　录

2. 探索篇

3. 实践篇

育有方　成有路

　　走进"仁爱"，认识"仁爱"，体验"仁爱"，实践"仁爱"，承创"仁爱"，一直是我们传承中华优秀传统文化，弘扬社会主义核心价值观，深化素质教育，完成立德树人根本任务，在新时期学校德育领域智慧耕耘的探索性重要课题，也是新时代改变育人方式、丰富德育内容、深化德育内涵、创新德育方法、增加德育魅力的创新性长期工程。

　　"仁爱"，这两个具有历史内涵的字眼，既是中华优秀传统文化的代表性表述，也是勤劳、智慧、善良的中国人的经典性表达，蕴含着思想、人生、处世、境界等多方面的精华。

　　"仁爱教育"，自古以来，一直在延续，只是不同时期有着不同的形态。无论是备受推崇，还是默默无闻，抑或是受到不公，作为儒家学说的重要内容，"仁爱"以其正确的内容储存和神形兼备的打开方式，始终受到社会的极大关注。

　　习近平总书记指出："中华优秀传统文化已经成为中华民族的基因，植根在中国人内心，潜移默化影响着中国人的思想方式和行为方式。今天，我们提倡和弘扬社会主义核心价值观，必须从中汲取丰富营养，否则就不会有生命力和影响力。"

　　在上海市闵行区，在市级课题引领下，我们深耕"仁爱教育"的实践与研究，坚持古为今用，推陈出新，有鉴别地加以对待，有扬弃地予以继承，有智慧地加以创新。

　　可喜的是，新时代小学"仁爱教育"的传承与创新取得了阶段性成果，这主要表现在：

　　一是正名与正视。推出新时代小学"仁爱教育"的传承与创新，其实是为"仁爱"再次正名，对"仁爱教育"再次正视。由于多种原因，在一个相当长的阶段里，我们对"仁爱"似乎躲躲闪闪，不敢提及，也不愿提及，甚至把其视为不正确、不科学的东西,在小学里几乎没有出现过这个字眼。由于对"仁爱"有偏见,因此"仁爱教育"也受牵连,处于"空窗期"。如今,我们对"仁爱"的正确认知,为"仁爱"抹去了积沉已久的尘埃,给予其光明正大的理由,让"仁爱"的光亮重回小学校园。而我们推崇"仁爱教育",正是对这种教育所蕴含的历史底蕴、优秀内容及深邃价值的认同,为"仁爱教育"再次立足小学做出了有意义的选择。事实证明,"仁爱"乃人性的光辉,"仁爱教育"乃教育的经典。

二是认知与链接。根据学生的实际和小学教育的现状及时代的要求,新时代小学"仁爱教育"的传承与创新,是对中华优秀传统文化的认知,也是新时代社会主义核心价值观弘扬的链接纽带。我们认为,学生对"仁爱"的接受程度,可作为亲近中华优秀传统文化的"试水",学生对"仁爱"的正确认知,对他们树立正确的世界观、人生观、价值观是有帮助的。而"仁爱"从身边做起,从小事做起,有利于他们建立正确的认知。同时,我们认为,"仁爱""仁爱教育"是开放的,是与时代要求相连接的。因此,我们在新时代小学"仁爱教育"的传承与创新过程中,在认知上与中华优秀传统文化相对接,在践行上与社会主义核心价值观和人类优秀文化相衔接。这样的传承与创新,既坚持了本义,也扩展了广义。

三是领悟与转化。"仁爱"可以挂在学校的墙上,但更多的是要进入学生的心坎上,转化为行动。新时代小学"仁爱教育"的传承与创新,重在让学生对"仁爱"从认知到领悟,再从领悟到实践,转化成一种做人的准则和规矩,成为立德树人的标配。"仁爱教育"不是走高大上路线,而是植根于最基础的教育,深入学校的方方面面,渗透到育人的全过程。

可以说,新时代小学"仁爱教育"的传承与创新,在闯出一条基于中华优秀传统文化的传承、成于社会主义核心价值观的弘扬和效于立德树人的培育的道路上,贡献了闵行的力量。

值得一提的是,新时代小学"仁爱教育"的传承与创新,是一种有着鲜明主题的灵魂的教育。师有仁,生有爱,概括了"仁爱教育"的主体和主人的应有作为。老师的"仁爱之心",是教育的初心,也是育人的诚心,这是教育大爱的基本原理的再现。师有仁,即育人的智慧,体现专业性,是通过科学有效的设计与实施长程主题教育活动,促进师生、生生间的交往,习得正确的为人处世方法,引导学生在思辨中成长,树立正确的价值观。生有爱,即健康的成长,体现了"仁爱教育"的目标和理想,学生的"博爱"之行,是优秀品质的外化,也是学会做人的内化,这是教育引擎的基本功能的再现。因此,师有仁,生有爱,这既是"仁爱教育"的主旨,也是"仁爱教育"

的结晶。

新时代小学"仁爱教育"的传承与创新,是一种突破传统的特色教育。"仁爱"的扎根教育和长程主题教育活动,形成了具有开创性的运作模式。"仁爱"的扎根教育,通过设立"仁爱思想"教育目标、内容研究、实践策略研究、传承与发展路径研究和实践案例研究,播下"仁爱"种子;长程主题活动,通过有序内容,促进"仁爱教育"的系统化、形式多样化,提高"仁爱教育"的浸润度,提升"仁爱教育"的全面性;通过分层评价,推动"仁爱教育"的持续性,凸显了教育的价值和长效。

新时代小学"仁爱教育"的传承与创新,是一种方法多样和成效显著的教育。

"仁爱"强调知行统一,"仁爱教育"注重转化。育有方,成有路,成为新时代仁爱教育的实践和追求。在这个过程中,形成的许多好做法,彰显了仁爱教育的威力和伟力:学生在仁爱教育中,不仅付出了善良和真爱,而且体味了人间的美好和滋润;教师在仁爱教育中,不仅奉献了厚德和大爱,而且增加了教育的价值和意义;学校在仁爱教育中,不仅丰富了办学实体,而且拓展了育人的思路和模式。

新时代小学"仁爱教育"的传承与创新,为新时代学生思想教育提供了范本,为新时代学校立德树人教育提供了模板。"仁爱"有价,"仁爱教育"有魂,让我们在中华优秀传统文化的长河中,扬起立德树人的风帆,用自己的辛勤划桨,驶向高质办学、优质育人的理想彼岸。

溯源篇

1

品味古籍里的"仁爱"味道

仁爱,作为中华传统文化的核心价值观之一,贯穿众多古籍之中,其味道既深邃又温馨,既古老又常新。

仁爱之德,源远流长。在《论语》中,孔子多次强调"仁"的重要性,将仁爱视为个人修养和社会和谐的基础。孟子提出"恻隐之心,仁之端也",认为仁爱是人天生具有的善良本性,是道德行为的起点。

仁爱之教,化育万物。古籍中的教育思想也充满了仁爱之味。如《礼记·学记》中强调"教也者,长善而救其失者也",教师的职责在于培养人的善性,纠正人的过失,这本身就是一种仁爱的实践。

(一)"仁爱"的原味

仁爱起源于中国古代的儒家思想,尤其是以孔子为代表的儒家伦理道德体系。仁爱是大爱,是深爱,是做人的准则。仁爱在历史长河中激起阵阵浪花。

1."仁"之本

"仁"字,无论从字形结构来看,还是从字义内容来说,都是一个值得寻味的字眼。不同时期,在解释"仁"的结构时,意思大体相近,但略有侧重。

汉字的"仁"字中的"亻",体现了谦恭处下礼德做人的品德,德行贯彻于天地之间和阴阳万事万物之中,博爱普生,了无分别,即"仁"。

金文的"仁"字,主要强调一种精神,强调人的灵魂、神,直指精神系统,强调要完整和直接认识万事万物的阴阳,服务于天地万物,奉献于天地万物。"尸"与"二"合起来,主要倡导用奉献慈爱尊神的精神和行为,对待地球上的万事万物,这就是"仁"。

小篆时代的"仁",是从"人",从"二",其字形和含义又发生了变化。从象形表意分析,它实际上是对如何做"人"的细化规范,与金文的"仁"字有明显差异。小篆"仁"字,表明用独立的人形来服务于万事万物,服从于阴阳,奉献于阴阳当中的万事万物。

显然，从字形上看，"仁"是彼此的关系结构，是一种关系的准则。

而从字义上看，"仁"极具内涵和外延。按一般解释，"仁"是汉语常用字，是会意字。据考证，最早出现在春秋晚期的侯马盟书中，"仁"的本义，现代人认为，是对人友善、相亲，随着"仁"的广泛运用，其内涵日渐丰富，后来发展为指向专一、含义更广的道德范畴，如儒家提倡"仁爱""仁政"等，还用来衡量、评价人的言行，如这人仁不仁。

"仁"在当代被视作价值观的表现、人性的表达、道德的表征。

围绕"仁"，衍生出不少有特定含义的词语，如仁慈、仁义、仁爱、仁厚、仁政、仁策，给人的感觉很舒服、很亲切，再如大家非常熟悉并广泛运用的词语，如一视同仁、仁至义尽、不仁不义、麻木不仁、求仁得仁、志者仁人、"仁者见之谓之仁，智者见之谓之智"等。

必须指出的是，"仁"是孔子思想的代表性表达，也是儒家学说的标志性部分。贯穿《论语》全书的是一个"仁"字，是孔子最基本、最根本的思想。在《论语》中，"仁"字在全书出现109次，不可谓不多，而且很大一部分出自孔子之口。在孔子眼里，"仁"的核心是"爱人"：推己及人，己所不欲勿施于人，与人为善，首先体现为一种亲亲之情。用《礼运》的话来说，就是"各亲其亲，各子其子"，子女得以尽孝于自己的父母，父母也能尽爱于自己的子女，这不仅包括父母与子女、丈夫与妻子、兄弟姊妹之间的感情，即一种基于血缘亲情而近于自然情感的"仁"，也包括朋友、君臣之间那种带有社会性的情感。到了宋代，儒家甚至非常推崇"万物一体"的情感，那是一种更高层次的"仁"了。

"仁"的准则是"克己复礼为仁"：克制私欲，遵循礼仪规范，做到合乎人伦道德。孔子曾将"仁"解释为三层内涵：一是亲情之爱，对父母兄弟等亲人的挚爱；二是世人之爱，关怀和体恤他人，建立和谐的人际关系；三是原则之守，坚守人伦道德原则，做人做事合乎礼仪规范。

"仁"是儒家学说的核心，对中华传统文化的发展起到了很大的作用，产生了重大影响，为历代社会所关注。

从思想文化角度上看，"仁"的建树在于：

一是奠定儒家伦理思想的基础："仁"是儒家伦理思想的基础，其他伦理规范如礼、义、廉、耻等都围绕"仁"展开。

二是提出权威治理仁政的理念：儒家将"仁"施之于政治，提出"仁政"理念，强调统治者要仁爱恤民,追求和谐共治。

三是深埋中国传统文化的根基:"仁"的思想深深根植于中国传统文化中,影响了中国人的道德价值观、社会治理模式和人际交往方式。

孔子提出"仁"的思想,具有深远的意义:一是缓和阶级矛盾,主张统治者体察民情,反对苛政和滥刑,有利于缓和社会矛盾,促进社会和谐;二是和谐人际关系,提倡广泛地理解和体恤他人,以此调整人际关系,稳定社会秩序;三是体现人道主义,"仁即爱人",体现了一种人道主义的精神,倡导和谐的人际关系。

值得一提的是,后来一些学者专家进一步加以研究分析,认为"仁",可诠释扩大深化为以下五种。

一是被称为"本体之仁"。这种本体是超越的、绝对的、无任何限制的终极存在,被认为是天地万物的终极根据和宇宙人生的价值根基,属于立基性质。

二是被称为"境界之仁"。这种境界强调人与天地万物一体相融,体现了一种至高的和谐状态,属于规格性质。

三是被称为"人文之仁"。这种人文体现对人自身地位和价值的肯定与重视,保护人的尊严和权利,属于内涵性质。

四是被称为"生态之仁"。这种生态展现人类世界与其他生命世界及自然世界之间的本然和谐状态,属于物化性质。

五是被称为"贯通之仁"。这种贯通是蕴含天地万物、物与我、人与我的重要内涵,属于通达性质。

诚然,"仁"字,也并非孔子首创,在孔子之前,《尚书》《诗经》中都有"仁"的踪迹,从语义推断,与人的某种美德有关系。值得指出的是,孔子及孟子的确赋予了"仁"极为重要的内涵和意义。历史上,孔子首先把"仁"作为最高的道德原则、道德标准和道德境界,形成了以"仁"为核心,包括孝、悌、忠、恕、礼、知、勇、恭、宽、信、敏、惠等内容的伦理思想结构,是理想的人格修养体系。后人把孔子思想概括为"仁学",就是基于"仁"的本义和引申义及演绎。后世的学者也一般将孔子的"仁"的含义释为"亲也,从人从二",强调人与人之间的和谐相处。但近些年,在郭店楚简、上博所公布的出土文献中,"仁"字的字形多作"上身下心",从字形来看,"仁"与身、心都有关系。

《老子·道德经》第一章中指出:"失道而后德,失德而后仁,失仁而后义,失义而后礼。"明晰地将人类逐步离道失德后进入常道的必然性揭示出来。

孔子在此基础上阐发了"五常"理论,将"仁、义、礼、智、信"称为"五常",并且提出"志于道,据于德,依于仁,游于艺"的修身原则。

"依于仁"是儒学的灵魂。因为"仁"是五常之首,其中先天非常道的性质最丰富,把握住"仁",才易于进"德"。

"五常"是做人的起码道德准则,此为伦理原则,用以处理与调和作为个体存在的人与人之间的关系,以组建正常有序的社会。

在"五常"中,"仁"是首位的,居于核心和前列。立足"仁",即强调在社会中,以人为本,奉献爱心。孔子是把"仁"视作"爱人"来看待和对待的。"仁",高尚情怀的主体,是仅次于德的、人类所特有的一种美好的情操。古代君主大多把推行"仁政"作为取信于民的象征。立足"仁",就是把人放到中心地位,一切从尊重人、关怀人、爱护人、发展人出发,通过人与人之间的互尊、互爱,使民族处于和睦相处的状态,使国家处于和谐的生态。《礼记》说,"上下相亲谓之仁",诚然,能够做到上下相亲,左右逢亲,这个社会一定是和谐的。"仁"的思想,还体现众生平等的意识。我们知道,孔子的教育观是"有教无类",社会平等才能使爱心兑现,如果对别人不是出于一种平等公平的理念,那么善良将成为怜悯,它就不"仁"了。

重在"义",即强调在成事中,遵循道义,坚持正义。"义"的本义是合乎道德的道理或行为。舍生取义,是把履行道义和坚守信义看得比生命还重要。"为朋友两肋插刀",这是一种施义,但这是基础的,尚属小义。所谓大义,是一种基于人性的高于自我的善,也是一种基于良心的超越自我的善。义,讲原则,信真理,求实际,做有意义的事,做有价值的事,做有益社会的事。不违背道义,不违背良心,不违背伦理。"义"是至仁的内驱。

做好"礼",即强调在交往中,恪守礼仪,崇尚文明。"礼"是交往的准则,也是交流的礼仪,更是交织的纽带。"礼"初始的意思是举行仪礼,祭神求福。用珍贵的器物祭祀,表示对"天"的感谢和尊重。孔子说:"一日克己复礼,天下归仁焉。""克己"就是以礼节身,以礼守言,以礼律行。"非礼勿视,非礼勿听,非礼勿言,非礼勿动",视、听、言、动各个动感部分都要有礼,对无礼的言行予以抵制拒绝。"礼"的核心是"尊重"。要尊重自己,也要尊重他人,遵从自己的内心,也要顾及他人的情感。说到"礼",通常所说的是礼仪、礼节和礼貌,既是民族文明程度的标志,也是个人素质的体现。"礼"是达仁的通行证。

凝聚"智",即强调在处世中,磨砺智慧,提高素质。要有"智",首先要学会"知",掌握更多的"知"。"知"是"智"的古字,先有"知"字,方有"智"。"知",以知识为圆心,以见识为核心,以学识为重心,多知博学,所谓见多识广便是"知"。"知",

还有认识事物,掌握规律的意思。而从"知"到"智",是量变到质变,是阶梯式的提升。"智"是在"知"的基础上的通晓与贯通,是从学习到驾驭的转化与灵通。所谓智者,就是通晓天地之道、深明人世之理、掌握未来钥匙的人。"智"在日常生活中,更多地表现为综合能力。"智"是信仁的思维。

坚守"信",即在关系中,强调诚信守法,言行一致。孔子将"信"作为"仁"的重要标志,是贤者必备的品德。诚信是信的基础和根本,也是义的表现和标配。一个人的诚信,不仅表现为品德,而且体现为人格。诚信是人际交往的主要原则,也是成事的基本要素。人若无信,那他也就失去了做人的准则,会处于极为危险的境地,这种人生缺陷是致命的。孔子还把"信"上升到国家政权和治理的高度,治国"三要",即"足食,足兵,民信之",就是说,国家的根本,人民的安居乐业,强大的国防力量,必须以信用来维系。只有大家诚信,每个人诚信,这个社会才会具有坚不可摧的力量。可见,信用是"仁"的资质,"信"是守仁的关键。

著名作家王蒙在《写给年轻人的中国智慧》中,曾这样写道:做好三件事,能获大成就。

第一是仁。不仁什么都保不住,因为不仁就得不到拥戴与亲和之情,你的知识再多、智慧再强也站不住脚。历史上与现实中,有才无德,名人出丑、大人物失败的例证多了去了。

第二是认真做事。有了仁爱,没有脚踏实地去认真做事,也是瞎掰,也最多是妇人之仁。许多亡国之君、垮台之臣、空谈之士,就是这样。

第三是智慧态度。既有仁爱,又有智慧,还有认真的态度,自然会表现在外表上,彬彬有礼、井然有序,有规范,也有风度。由内及外,层层完美,那就是真的完美主义了。

显然,"仁"具有特别的力量、特殊的作用、特大的意义。

2. "爱"之源

"爱"是人们在生活中运用最广泛的汉语常用字,最早见于金文,其本义是"喜爱""爱好",意为对人或事有深挚的感情,后来又引申出"爱情""爱惜""贪"等意思,《说文解字》解释为"行走的样子",可理解为"疼惜呵护对方,为之奔波辛劳"之义。

"爱"在甲骨文里没有出现,直到战国时代,才开始在"中山王方壶"(金文)、"中山王圆壶"(金文)和战国印(金文)里出现。

"爱"在古文中的解释,散见于多处。《唐韵》:乌代切。《集韵》《韵会》:於代切。《正韵》:於盖切,同㤅。仁之发也。从心旡声。又亲也,恩也,惠也,怜也,宠也，好乐也，吝惜也，慕也，隐也。又《孝经·谏诤章疏》：爱者，奉上之通称。其中，关于爱是"仁之发也"的解释，也颇为耐人寻味。

"爱"是一种喜好的判断。如"喜欢这件东西"可谓"我爱这件东西"，喜欢与爱在这时基本同义，表达同一种倾向。能得到爱的物与事，总带有合理性、适宜性的特点。这种爱，可以说是一种肯定，也是喜好的判断。

"爱"是一种情感的流露。作为对某种特定事和人的特定评价，爱是由内心的价值判断和情感判断联系在一起做出的言行选择。友情是爱的初级阶段表现出来并可能维系许久的一种彼此认同和愉悦。

"爱"是一种态度的表示。最常见的惜，就含有爱的元素，因为喜欢产生爱，因为爱盼望永久，而一旦偶尔丢失或无法维持，往往会产生可惜的情愫，由此又会引发爱惜、珍惜或惋惜等关联爱的复杂情绪。

在社会生活中，"爱"往往被用来确立人们的价值观、道德评判、社会规范甚至政治立场。如爱自然，表示对自然的尊重和对自然的敬畏；爱动物，表示对生灵的尊重和对动物的仁慈；爱旅游，表示对山河美好的爱慕和对风貌的欣赏。

值得一提的是，"爱"是教育的核心和宗旨。瑞士平民教育之父裴斯泰洛齐认为，教育的主要原则是爱，"爱的教育"是一种源自"自然"的教育；人民教育家陶行知提出"爱满天下"的教育理念。教育是大爱的思想和理念，已为大家所接受。

（二）"仁爱"的百味

"仁爱"这一概念在不同的文化背景、时代背景和具体实践中有着不同的认知。但无论如何，仁爱都体现了对他人、生命的关爱和尊重，是促进社会和谐稳定的重要力量。东方文化中的"仁爱"以血缘亲情之爱为基础，强调差等和层次的爱，并在日常生活中以慈悲、宽容的心态对待他人；而西方文化中的"仁爱"或"博爱"则强调对所有人的普遍关爱与宽容，体现了对人性尊严的尊重和对社会公正的追求。尽管存在差异，但两种文化都倡导以善良、宽容的心态对待他人，关注社会问题并积极参与社会公益事业，共同为构建一个更加和谐、美好的社会贡献自己的力量。

1. 回味东方"仁爱"

在东方文化中，尤其是中国传统文化中，仁爱是儒家伦理道德体系中的核心内容之一。它源自儒家思想，强调以慈悲、宽容的心态对待他人，关注疾苦，提供帮助，并尊重生命和权利的尊严。

东方文化中的"仁爱"以血缘亲情之爱为基础。儒家思想认为,人们首先应该爱自己的亲人,然后逐渐扩展到对一般人的爱,即"泛爱众"。孔孟提倡仁者爱人、"己所不欲,勿施于人",这是对道德伦理的提炼,也是一种通达天下的人文情怀。

东方文化中的"仁爱"是有差等和层次的爱。它主张根据与他人关系的亲疏远近来区别对待,对自己的父母兄弟等直系亲属的爱要超过对远房亲戚和陌生人的爱。然而,这种差等之爱并非狭隘的自私之爱,而是要求人们在爱自己的同时,也要尽力去爱他人,最终达到"四海之内,皆兄弟也"的理想境界。

东方文化中的"仁爱"不仅是一种理论,更是一种实践。它要求人们在日常生活中以慈悲、宽容的心态对待他人,关注他人的疾苦,为他人提供帮助和支持。仁爱的实践需要严格遵循"礼"的规范,即使在无人监督的情况下也能保持自律。

如果把"仁爱"归纳为一种思想,那么,"仁爱思想"的核心是"仁","仁"的核心是"爱","爱"是体现"仁"的表现形式之一,体现了儒家人本理性的思维方向。"仁爱思想"为提高个人修养、处理人际关系、人与自然关系提供了丰富的和谐思想,从而达到由个人、人人到天人关系的和谐。

2. 体味西方"仁爱"

"仁爱",从人类角度着眼,是一个共同的词语和普遍的价值。"仁爱"及其"仁爱思想",并非我们所独有,西方推崇的平等、自由、博爱,就体现了这种精神。

在西方文化中,"仁爱"的概念虽然没有像东方文化那样形成一个系统的理论体系,但类似的概念如"慈悲""同情"等同样占据着重要地位。西方文化中的"仁爱"或"博爱"强调对所有人的普遍关爱与宽容。它认为每个人都应该被平等地对待和尊重,无论其种族、性别、社会地位等如何。这种普遍之爱体现了对人性尊严的尊重和对社会公正的追求。

西方文化中的"仁爱"或"博爱"同样强调实践和应用。它鼓励人们以善良、宽容的心态对待他人,关注社会问题并积极参与社会公益事业。在西方社会中,志愿服务、捐款捐物等公益活动是实践"仁爱"或"博爱"的重要方式之一。

中华文化是流动的、包容的、开放的,世界文化也是敞开的、容忍的、开阔的,正因为如此,"仁爱"及"仁爱"精神、思想、观念,更容易为中外人士所接受。西方的"仁爱"思想主要与宗教、伦理相关,眷注人本与博爱,造福与奉献,这点与我国崇尚的"爱亲""爱人""泛爱众"及"忠恕"等理念有异曲同工之处,且两者都重视关系的建立。

寻找新时代的"仁爱"印迹

"仁爱"出自古代,但不同时期的理解和践行,必然会打上时代的烙印。在新时代,仁爱精神依然熠熠生辉,它以多种形式体现在社会生活的各个方面,成为推动社会进步和文明发展的重要力量。

(一) 新时代"仁爱"的演绎

1. 新时代"仁爱"的烙印

我们说的新时代,指的是中国特色社会主义进入新时代。在这个时代,中国的发展目标是全面性和多元化的。

中国特色社会主义进入新时代,意味着无论在指导思想上,还是意识形态上,或是社会行为规范上,符合时代特征、先进文化的观念、理念,必然会出现一个极大需求的"窗口期"。

中国特色社会主义创造了一种人类历史上的文明新形态,这一政治论断包含了丰富的实践内容和深邃的理论内涵。文明新形态出现的过程主要体现在社会生活的整体变革、全球性的社会变迁过程、推动社会发展和人类进步的新文明出现三方面。而与之相适应的是,新时代的思想和实践,不能没有仁爱的品质和特质。

2017 年 3 月 15 日,北京,人民大会堂,中国民法典的开篇之作——《中华人民共和国民法总则》诞生了,被誉为"社会生活百科全书"的民法典翻开了第一页。而讲仁爱、重民本、守诚信、崇正义……民法总则本身就是中华民族优秀传统的宣示。为鼓励和保护见义勇为的善举,民法总则草案在审议中多次修改"减免救助人责任"条款,最终规定,因自愿实施紧急救助行为造成受助人损害的,救助人不承担民事责任。不让"英雄流血又流泪",免除他们的后顾之忧,倡导培育乐于助人的良好社会风尚。这是对仁爱的法律保障。

显然,社会主义核心价值观已经成为民法典的立法主线,将优秀的价值取向与价值准则融入整个民法典。

中共中央发布的《关于实施中华优秀传统文化传承发展工程的意见》指出，中华民族和中国人民在修齐治平、尊时守位、知常达变、开物成务、建功立业过程中培育和形成的基本思想理念，如革故鼎新、与时俱进的思想，脚踏实地、实事求是的思想，惠民利民、安民富民的思想，道法自然、天人合一的思想等，可以为人们认识事物和改造世界提供有益启迪，可以为治国理政提供有益借鉴。传承发展中华优秀传统文化，就要大力弘扬讲仁爱、重民本、守诚信、崇正义、尚和合、求大同等核心思想理念。

习近平总书记高度重视我国的德育建设，多次发表相关重要论述和重要讲话，逐渐形成了涵盖思想、政治、道德、人文、价值观等方面在内的较为系统全面的新时代德育观。

新时代仁爱思想的深化，更注重"选择性的传承，创造性的转化"。选择性的传承，就是既重视传统的内容，也重视内容的演变；既尊重文明成果，也倡导文明新实践。选择性传承，考验的是眼光、眼界，要以传承为职责，以选择为利器，从内容到形式进行有辨别性、适用性、选择性的筛选，以利传统文化高质量地得到继承。

创造性的转化，就是既重视原有的成果，也重视后来的创造；既尊重历史积淀，也倡导与时俱进。创造性转化，以转化为要旨，以创造为驱动，从内容到技术进行有时代性、先进性、新颖性的创新，以利传统文化持续性地转化。

选择性的传承，创造性的转化，是新时代包括"仁爱"在内的优秀传统文化的前行烙印，具体说来，有三方面的动向：一是变单项的自我约束为多向的互尊互助，二是从一味的宽容顺从到适时的理性接纳，三是从理想的道德要求到务实的道德行为。

2. 新时代"仁爱教育"的轨迹

新时代仁爱教育的发展，遵循了两条原则：一是继承中华优秀传统文化的精髓，予以思想性的奠基，表现为根脉；二是适应新时代的要求，将时代内核融入文化传承的全过程，赋予时代性的新意，表现为建树。

中华优秀传统文化，根深叶茂，源远流长，仁爱作为社会约定的风俗，作为人们行为的规范，有着悠久的历史与被社会和人们认可的基础。对仁爱的重新认识，其实反映了优秀传统文化的特殊魅力。

文化是发展的。进入新时代，尽管新技术层出不穷，尤其是以信息技术为代表的新技术潮流波澜壮阔,改变着社会生活,同时也改变着人们的观念,但作为体现人类文明和中华传统的仁爱思想,不但没有被唾弃,反而显得更有必要加以弘扬。经济的发展、科技的发展,同样需要高品位的思想和人格加以配套。因此,仁爱的传统价值,并没有因为经济和科技的发展而变得苍白,可有可无,相反,在技术导向的社会,人们的经营活动更呼唤道德的完美和行为的规范。

显然,新时代对仁爱的拥抱,符合新时代的特征,符合社会的预期,符合素质提升的现实。

而在小学,对仁爱教育的研究,经我们搜索和研究后发现:以"仁爱教育"为关键词,通过"中国知网"进行相关数据检索,截至 2023 年 4 月 30 日,检索到相关研究文献有 201 篇。发现:国内部分学者比较关注学生成长中儒家仁爱思想的传承,但真正能根据小学生的身心发展特点,促进学生仁爱思想形成和仁爱行为养成的研究并不多。在小学阶段开展仁爱主题教育是非常有必要的,也是落实党的十八大报告中强调要"弘扬中华文化,建设中华民族共有精神家园"的有效途径。

同时,我们认为,小学仁爱教育发展经历了四个阶段。这样的发展一般都随着当时相关政策的出台而出现,具有明显的依托性。通过对"仁爱教育"文献的整体阅读,课题组尝试根据不同年代文献数量的增长了解其发展的整体趋势。见图 1-1。

图 1-1　近 20 年"仁爱教育"研究文献的数量分布图

如图 1-1 所示,我们可以看到小学仁爱主题教育在 2010 年之前,相关文献是比较少的,后期开始逐渐增多,在波动中持续增长,尤其在最近几年,进入了研究的高峰。基于此,课题组结合相关政策之间的关联性划分为四个阶段。见图 1-2。

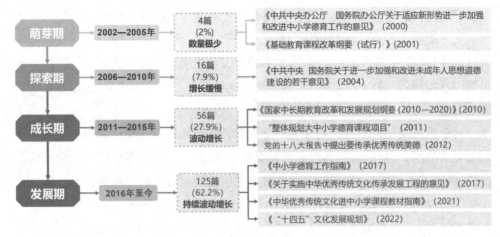

图 1-2　近 20 年小学"仁爱教育"研究发展导图

根据图 1-2 所示,2000 年,中共中央办公厅、国务院办公厅颁布了《关于适应新形势进一步加强和改进中小学德育工作的意见》,要求学校把德育放在素质教育的首位,树立育人为本的思想。一部分学者开始关注仁爱教育,但留下的文献并不多。仁爱教育进入萌芽阶段(2002—2005 年)。

2004 年,《中共中央　国务院关于进一步加强和改进未成年人思想道德建设的若干意见》的颁布让仁爱教育的研究文献增长到了 16 篇。虽然数量还不是很多,但仍呈现出缓慢增长的趋势。仁爱教育开始进入实践探索阶段(2006—2010 年)。

2010 年《国家中长期教育改革和发展规划纲要(2010—2020)》的颁布及 2011 年"整体规划大中小学德育课程项目"的实施,让"仁爱教育"研究出现了大幅度的增长。2012 年,党的十八大报告提出要传承优秀传统美德,对小学生的仁爱教育更是引起了社会的广泛关注,文献研究从探索期的 16 篇增加到了 56 篇。仁爱教育由此进入成长阶段(2011—2015 年)。

2017 年,随着《中小学德育工作指南》和《关于实施中华优秀传统文化传承发展工程的意见》两份文件的下发,文献数量直升至 125 篇。仁爱教育进入发展阶段(2016 年至今)。"萌芽期""探索期""成长期""发展期"之间的现有文献研究分析如下:

(1)"仁爱教育"的四个阶段

① 萌芽期——文献数量极少,处于研究的萌芽阶段

在 2002 年到 2005 年,知网上关于"仁爱教育"的文献只有 4 篇,主要分成两类。一类从东方儒家文化的角度来诠释"仁爱"的内涵,认为"仁"的基本含义就是

"爱人",即博爱、理解和宽容。同时,他们还把仁爱思想从自爱推广到了爱人、爱物。另一类则从西方文化的角度阐述了"仁爱"的内涵。如尧新瑜在《学校道德课程理解论》中将"仁爱"分为宽容、奉献和慈善三个层次。东西方文化对"爱"的理解虽然不尽相同,但他们都认为"爱"是道德形成过程中不可缺少的部分,也是社会发展的需要。

这个阶段是仁爱教育的萌芽期。部分学者已经从东西方文化的研究中发现了仁爱对人的成长、对社会的和谐发展都有着重要的意义,但大多仍停留在思想认识上的宣传,关于实践的研究非常少,针对小学生仁爱教育的研究就更少了。

② 探索期——文献数量有所增加,进入理论联系实践的探索阶段

2006 年,仁爱教育开始进入实践探索阶段。虽然文献数量还不是很多,但仍呈现出缓慢增长的趋势。

仁爱教育逐步在中小学校园展开实践:第一,融通学科教学,渗透仁爱思想。如河北沧州的小学设计了以"仁爱之旅"为主题的语文学科评价活动,学生在"仁爱之心""仁爱之思"和"仁爱之举"等评价环节中感悟仁爱思想。第二,融入校园文化,践行仁爱行为。湖北仙桃市大新路小学通过仁爱行为示范营造仁爱氛围,生成仁爱的校园文化。第三,融合校园活动,培育仁爱品格。马东贤通过校园活动课程引领、活动体验实践及活动评价激励等方式来培育小学生的仁爱品格。

仁爱教育在中外对比中借鉴优秀经验:苏静对比了"仁爱教育"和诺丁斯的"关怀教育",肯定了"关怀教育"中的榜样示范作用;高岩认为德国家庭和学校要求孩子从幼儿园开始就喂养动物、善待动物,有利于培养孩子的仁爱之心。

在这个阶段,研究者发现仁爱教育不能仅仅停留在纸上谈兵的思想认知层面,而需要深入实践。因此,越来越多的学校和一线老师投入仁爱教育的实践探索中。但大部分都处于学习摸索阶段,仁爱教育往往浮于表面,如校园物理环境的改造,在学科教学中挖掘与"仁爱"相关的资源,开展简单的仁爱教育活动等。这样的教育只能做到让学生入眼、入耳,无法做到真正入心。

③ 成长期——文献数量大幅增加,呈现多维度的发展态势

进入成长期后,仁爱教育出现了百花齐放的状态,呈现多维度的发展态势。

第一,重视环境熏陶。借助校园文化的感染力,在潜移默化中激发学生的仁爱之心,并努力转化为仁爱行为。

第二,创设体验基地。王丽萍等人设计了校内体验的主阵地和校外实践基地,并先后开展了一系列实践体验活动。实践体验活动拓宽了学生的实践空间,他们

在活动中团结协作、互相关爱、互相帮助,最终形成仁爱品格。

第三,关注家庭教育。孟荣和周丽在研究中发现,现在的孩子从小就在以自我为中心的环境中成长,不会为他人着想,也不会去主动关心身边的人。其主要原因是我们忽略了家庭的仁爱教育。仁爱教育不仅要学会尊重、关爱他人,倾听他人意见,更要与他人协商共事,懂得分享与换位思考。家人和孩子的关系是最为亲近的,仁爱情感首先要在家庭中建立,只有爱亲,才能爱众。而家长也要发挥榜样示范作用,才能将仁爱教育落到实处。

无论是研究数量还是研究维度,无论是理论研究还是实践研究,这一阶段的仁爱教育在波动中快速发展,也更加注重体验。但学校教育依然是仁爱教育的主阵地,对于家校社协力,共同开展仁爱教育的研究并不多。

④ 发展期——文献增多及主题聚焦,呈现出反思姿态投入研究

2016 年开始,仁爱教育进入发展期,仁爱教育得到空前关注,文献数量直升至125 篇。其中,聚焦"德育""立德树人"的关键词出现 13 次,表明仁爱教育主要渗透于德育研究领域较多,且眷注人的德行培养。聚焦"仁爱之心""传统文化教育"的关键词各出现 11 次,说明在仁爱教育中,对于培育学生的仁爱精神是"发展期"的研究者探索的核心目标;而研究者也认识到传统文化在仁爱教育中的基础性和引领性作用,因此通过挖掘蕴藏于其中的"仁爱"元素,可以为现代仁爱教育提供丰富的素材和理论支撑。此外,聚焦"语文教科书""仁爱思想""教育理念"等关键词也分别出现 9 次,再次表明,这一时期的仁爱教育研究主要融于语文学科教学中,侧重对学生观念意识的培养。

(2)"仁爱教育"的发展趋势

仁爱教育是在探索中不断发展的。仁爱主题教育的成长与突破主要表现在:

① 仁爱教育形式从"注重宣传"走向"实践体验"

2005 年,在仁爱教育的萌芽期,不少专家都认为仁爱之心从自我修行开始。能否成为有仁德的人,关键在于能否以自己的努力去实现"仁",在于能否严于律己,将正己修身与齐家、治国、平天下紧密联系起来,形成一套完整的思想道德教育体系。

2006 年起,仁爱教育逐步在中小学校园展开实践。2014 年,王丽萍等人设计了"红领巾值班岗"等校内体验的主阵地,在模拟情境中激发学生的仁爱之心;挖掘"礼嘉敬老院"等校外资源,建立校外实践基地,在真实情境中指导"仁爱"行为。

综上所述,仁爱教育形式从一开始的"注重宣传"逐渐走向"实践体验"。但部

分实践体验仍浮于表面,不够深入,在一定程度上影响了活动育人的效果。

学生的仁爱品格养成不是靠简单的思想教育就能实现的,而需要在一次次的实践体验中领悟,在一次次的思辨与冲突中积淀而成。教师要设计丰富的主题活动,搭设实践和体验的平台,拓宽学生的实践空间,让他们在自然环境中感知仁爱所带来的快乐,激发其仁爱之心;在活动中学习团结协作、互相关爱、互相帮助等为人之道;在一次又一次的实践中巩固强化,最终形成稳定的仁爱品格。

②仁爱教育目标从"个人美德"走向"关系美德"

2007年,苏静对比了孔子的"仁爱教育"和诺丁斯的"关怀教育",发现两者都认为情感是道德的基础,家庭教育是道德教育的起点。但"仁爱教育"把"仁爱"看作"个人美德",认为爱是单向的付出;"关怀教育"则把"关怀"看作"关系美德",关怀关系的维护需要相互回应。学生的善和成长依赖他周围的人,因此要重视情境和师生间关怀关系对学生的影响作用。

不久之后,德国家庭和学校要求孩子从幼儿园开始就喂养动物、善待动物的方法也为我们提供了可以借鉴的经验,仁爱教育开始注重建立关系。但经济快速发展带来了诸多负面影响。如激烈的竞争让一部分人遗忘了仁爱思想,价值追求出现偏差,道德底线一再被突破……自身素质的下降导致了人与人之间的冷漠,影响了仁爱关系的建立,也阻碍了仁爱教育的持续开展。如何建立仁爱关系,帮助人摆脱对"利"的盲目追求,让趋于淡薄的人际关系重新温热,实现社会稳定、健康的发展仍留有很大的研究空间。

综上所述,仁爱思想不仅影响着人的心理、性格等方面,也影响着人与人之间的相互尊重和包容,乃至社会的和谐。学校教育是学生逐步社会化的过程,他们在多维度的互动中培育仁爱品格,建立和谐的人际关系,适应未来的社会生活。老师需要设计不同的主题教育活动,通过榜样示范、自我挑战、同伴互助及小组合作等形式,为学生提供深度交往的机会,并在交往中生成丰富的教育情境。不管是怎样的教育情境都能引发学生对交往中发生的一切进行道德判断。教师就能以此为教育的契机,引导学生做出合适的选择,跟进正确的行动。

③仁爱教育内容从"零散"走向"综合"

绵阳实验高级中学编写了《修身》《感恩》《爱国》仁爱教育读本,分别从"修身教育、感恩教育、爱国教育"等不同维度开发仁爱教育资源。

张晓冰尝试通过班会课、国旗下讲话、大家讲坛等方式营造仁爱氛围,增强学生的民族自尊和文化自信,培养社会责任感。

从物质环境到精神环境、从课堂环境到课外环境,内容看似丰富,却零散不系统。这样的教育虽然能在一定程度上引导学生萌发仁爱意识,但仍未形成系统。

综上所述,仁爱教育的内容正从碎片化转向综合化,改变了以往教师只能根据学校要求开展仁爱教育,今天结合"母亲节活动"绘制"感恩小报",明天结合"心理健康月"展开"寻找好朋友"活动等现象所导致的学生对"仁爱"理解的不全面、不深入。

学生的仁爱品格养成不是一蹴而就的,需要在一次一次认知巩固和实践体验中逐步培养起来。班主任需要根据学生的年段特点和实际需求,选择合适的教育内容。如低年级的孩子能力比较弱,可以通过养花、养草、养小动物等方式感受仁爱之心,学习仁爱行为,同时也要学会自我保护,爱自己;中年级学生的能力已经得到了一定的发展,但由于自我意识的觉醒,容易与同学发生冲突,可以开展爱父母、爱同学、爱老师的活动,学会爱他人;高年级学生的思维发展比较迅速,可以围绕"爱班级,爱学校,爱祖国"开展仁爱活动。

④ 仁爱教育途径从"单一"走向"多元"

2014 年,深圳振新小学精心设计了书香文化、海报文化、格言文化、成长文化等宣传板块,让每一个角落都渗透出平等、关爱的文化气息。显然,这样的教育形式相对比较单一,静态宣传栏的感染力是有限的,无法完全激发学生的仁爱之心,更不会努力将它转化为仁爱行为。

2022 年,张晓冰在江苏省南通第一中学也同样开设了仁爱课程。他们以培塑学生的"五爱""五心"为目标体系,学校利用"八大行动",以"胸怀国家""课程建构"为精神引领,以"物态濡染"为物质引领建设仁爱课程。

综上所述,仁爱教育的途径从单一走向多元,从最初的文化育人逐渐发展成为融活动育人、实践育人、文化育人、协同育人等多途径为一体的多元育人模式,但还不够全面。班主任需要设计主题教育活动,实现全方位育人。在主题教育活动中,多种活动途径可以是独立存在的,也可以是融合交织而成的。这样就能形成一个正能量的教育场,给学生仁爱道德的形成提供了动态的绿色环境。同时也能吸引更多学生主动参与到不同的活动中去。

⑤ 仁爱教育主阵地从"学校教育"走向"家校共育"

学校教育和家庭教育各尽其责。如学校主要负责传授知识、培养能力和塑造人格等,家庭生活侧重培养孩子的人格和基本生活技能与态度、社会风俗习惯、安身立命等。但两者也有相互交融的部分,如仁爱教育既需要学校指导,也需要家庭辅导。

2014年,孟荣虽然发现了在家庭中开展仁爱教育对学生的成长有着非常重要的意义,但学校教育依然是仁爱教育的主阵地。

随后,杨培兵提出,每个家庭都要建立长幼有序的合理家庭关系——父母要以身作则,关爱家庭成员;孩子要了解父母为家庭付出的辛苦。至此,仁爱教育的主阵地开始向"家校共育"慢慢转移,但共育的实效仍有待加强。

综上所述,在进行仁爱教育的过程中,老师要开展相应的主题教育活动,并在活动中引导家长明确各自的责任,互补式地助力学生发展。但具体实际操作还有许多空间,课题可以以此为出发点进行细化研究。

(3)"仁爱教育"的主要问题

在梳理中,我们也发现了仁爱教育存在的一些问题,主要表现在:

① 聚仁爱主题,但形式单一,内容碎片

有的学校通过开发仁爱教育资源,编写仁爱教育读本,从不同维度开展仁爱教育。有的通过班会课、国旗下讲话、大家讲坛等方式营造仁爱氛围,增强学生的民族自尊和文化自信,培养社会责任感。

从物质环境到精神环境、从课堂环境到课外环境,形式看似多样,但都以学生的被动接收为主;内容看似丰富,却零散不系统。这样的教育虽然能在一定程度上引导学生萌发仁爱意识,但缺乏持久性。

② 建仁爱关系,但家校各育,忽视协同育人

"仁爱"的核心是爱人,提倡人与人之间的亲密关系,即尊重人、关心人、爱护人。建立仁爱的师生关系、同学关系和亲子关系是开展仁爱教育、指导仁爱行为的重要前提。因此,许叶倡导班主任要以仁爱理念对自身严格要求,为学生树立一个良好的学习榜样;引导学生平等交流,互助互爱,建立暖心的同学关系;勇敢表达自己对父母、家人的爱,建立仁爱的亲子关系。

家庭教育要和学校教育达成目标上的一致,内容上的契合,才能发挥协同育人的合力。但研究中出现了家校各育的现象,如何发挥家校社的合力需要进一步探讨。

③ 设仁爱课程,但部分内容与"仁爱"的关联度不高

烟台开发区实验小学确立了仁爱教育的课程目标与内容体系,将学习习惯、生活习惯、行为习惯三方面18种好习惯融入各年级养成目标,同时融合学科教学,提升学科育人的价值。

张晓冰在江苏省南通第一中学也同样开设了仁爱课程。他们将仁爱教材纳入

学校课程体系,明确课时安排,与国家课程、地方课程、综合实践课程相互补充,将仁爱思想中的家国情感从感性认识上升到理性认识。

学校虽然在仁爱教育上有所突破,设置了仁爱课程,但部分内容如学习习惯等与仁爱教育的关联度不高,课程的实施大多依附于其他学科。因此,如何规范科学地设计课程,有效地实施课程还留有继续研究的空间。

(二) 新时代"仁爱"的价值

1. 新时代"仁爱"与弘扬社会主义核心价值观

(1) 新时代"仁爱"是弘扬社会主义核心价值观的基石

社会主义核心价值观体现了中国特色社会主义的根本主张,是中国特色社会主义制度的重要内容,也是中国人民遵循的道德准则和行为细则。同时,社会主义核心价值观,也可以说是源于中华优秀传统文化,植根于中华民族的坚定信念,基于全体民众的共同期望。

而"讲仁爱、重民本、守诚信、崇正义、尚和合、求大同",这 6 个词、18 个字,反映了新时代个人、社会和国家层面对各自行为的多重价值追求与理想图式,是社会主义核心价值观的重要体现和文化根基。

讲仁爱、守诚信,是基本的做人要求和传统美德的要求,涵养个人层面的爱国、敬业、诚信、友善的核心价值观修养;崇正义、求大同,是社会推崇的思想和传统的社会理想,同时也延伸到核心价值观在社会层面对自由、平等、公正、法治的追求;重民本、尚和合,是历史的经验总结和中国传统的政治治理理念,也与核心价值观在国家层面的富强、民主、文明、和谐相辉映。

具体来说,仁爱是爱国之源、敬业之基、诚信之表、友爱之本;仁爱是自由之发、平等之架、公正之心、法治之辅;仁爱是富强之石、民主之信、文明之柱、和谐之炬。仁爱与社会主义核心价值观一脉相承,与社会主义核心价值观呈现的"爱国、敬业、诚信、友爱;自由、平等、公正、法治;富强、民主、文明、和谐"24 个字皆为伴侣。

可以说,仁爱是社会主义核心价值观的底座,也是弘扬社会主义核心价值观的底线,更是为人处世的底基。

(2) 弘扬社会主义核心价值观是新时代"仁爱"的表现

社会主义核心价值观在传承和发展中华优秀传统文化的基础上,将"仁爱"等传统美德赋予新的时代内涵,使其更加符合现代社会的需求。

弘扬社会主义核心价值观,强调人与人之间的友善相处,有助于减少社会冲突,增进社会和谐。这种和谐氛围的营造,正是仁爱精神在新时代社会的实践体现。社会主义核心价值观中的"友善"等原则,直接体现了仁爱的精神。友善强调人与人之间的和谐、互助与关爱,这正是仁爱理念在现代社会的具体体现。

在弘扬社会主义核心价值观的过程中,学生能够深刻理解诚信、友善、爱国、敬业等核心价值观的内涵,这些价值观都是传统美德与现代文明的有机结合,既体现了中华民族的优秀传统,又符合现代社会的发展需求。通过学习和践行这些价值观,他们能够逐渐树立起正确的道德观念,明确什么是善、什么是恶,什么是美、什么是丑,从而在日常生活中做出符合道德规范的选择和行为。

同时,弘扬社会主义核心价值观还能够激发学生的道德自觉和道德自律。当他们从内心深处认同并崇尚这些价值观时,他们就会自觉地用这些价值观来规范自己的行为,约束自己的欲望,提升自己的品格。这种道德自觉和道德自律的提升,是公民道德素质提高的重要标志。

一个充满仁爱精神的社会,必然是一个充满正能量、积极向上的社会。弘扬社会主义核心价值观,可以激发社会正能量,推动社会进步和发展。这种进步和发展,正是仁爱精神在新时代社会的有力见证。

2. 新时代"仁爱教育"的初心

在新时代背景下,国家高度重视教育事业的发展,对教师队伍提出了更高的要求。习近平总书记曾强调,广大教师要做"有理想信念、有道德情操、有扎实学识、有仁爱之心"的"四有"好老师。这一要求为新时代教师队伍建设指明了方向,也为仁爱教育的初心提供了明确指引。

(1) 用爱感化学生,培育优秀人才

仁爱之心是中华民族的传统美德,也是教育事业的根基和灵魂。它要求教师将学生的成长视为己任,关注学生的全面发展,用爱心去温暖学生,用耐心去启迪学生,用细心去洞察学生。教师的这种爱,不仅是情感上的关怀,更是对学生成才的深切期望和无私付出。

同时,教师通过多种方式引导学生树立正确的价值观念,培养他们的品德修养。这对于学生的全面发展、优秀人才的培养及教育事业的进步都具有重要的意义。

(2) 传递正向能量,营造和谐氛围

仁爱教育的初心首先体现在教师以身作则。教师要用自己的言行举止为学生树立榜样,用积极向上的态度影响学生,让他们学会关爱他人、尊重他人、理解他人。同时,教师还要努力构建良好的师生关系和生生关系,让学生在和谐的环境中

快乐成长。

（3）关注个体差异，促进全面发展

仁爱教育强调关注每一名学生的个体差异，尊重他们的独特性和多样性。教师要用仁爱之心去包容学生的不足，用鼓励和支持去激发学生的潜能，促进学生在德、智、体、美、劳等方面的全面发展。同时还要关注学生的心理健康，帮助他们建立积极、健康的心态，面对生活中的挑战和困难。

（4）服务国家发展，培育时代新人

仁爱教育的初心最终指向服务国家发展，培育时代新人。教师要胸怀教育强国的大爱情怀，将个人的教育理想与国家的发展大局紧密结合在一起。他们要通过高质量的教育，培养出具有高尚品德、扎实学识、创新精神和实践能力的时代新人，为国家的富强、民族的振兴、人民的幸福贡献力量。

教师要将仁爱思想内化于心、外化于行，为培养德智体美劳全面发展的社会主义建设者和接班人贡献自己的力量。

3. 新时代"仁爱教育"的回归

现代社会各种思潮的涌入，对学校教育、家庭教育带来了巨大冲击，导致小学生在成长过程中遭遇到诸多问题。

（1）优秀传统文化的断层和外来文化的冲击，导致家长和学生在实际生活中缺乏"正知正见"。

随着现代化进程的加速，一些传统文化和价值观逐渐被边缘化甚至遗忘。这使得家长和学生在实际生活中缺乏对传统文化的深入了解和认同，难以从中汲取智慧和力量。全球化带来了文化的多元交流，但同时也带来了外来文化的冲击。一些外来文化观念可能与本土文化存在冲突，导致家长和学生在价值观上产生困惑与迷茫。

因此，家长和学生在面对复杂多变的社会现象时，往往缺乏正确的认知和判断，容易受到不良信息的影响和误导。

（2）学校过分强调知识技能的学习，忽略对孩子德行养成的长程关注和引导。

部分学校往往过分强调知识技能的学习，将考试成绩作为评价学生的主要标准，导致学校和教师过于注重知识的传授和技能的训练，而忽视了学生德行的养成。

部分学校往往缺乏对学生德行养成的长程关注和引导，导致学生在道德观念、行为习惯等方面存在不足。然而，德行的养成是一个长期的过程，需要学校、家庭和社会的共同努力。

（3）独生子女的现象和问题对当代孩子产生主客分离影响深远，过分强调"自我为中心"，忽略"主客合一"精神。

独生子女家庭是现代社会构成的重要部分。独生子女在成长过程中往往缺乏与同龄人的互动和合作，容易形成孤独、自私等性格特点。

独生子女往往过分强调"自我为中心"，缺乏对他人的关注和理解。这种"主客分离"的现象导致学生在人际交往中存在障碍，难以形成和谐的人际关系。

"主客合一"精神强调主体与客体的统一与和谐。然而，部分教师在教育过程中往往忽视了这种精神的培养，导致学生在面对复杂多变的社会现象时，缺乏整体性和系统性的思考方式。

因此，新时代的小学生需要接受仁爱思想的扎根教育，实现立德树人的育人目标。

探索篇

2

仁爱教育是新时代素质教育的姐妹篇，也是立德树人的启蒙篇。

　　新时代素质教育强调全面发展，注重培养学生的综合素质，包括知识技能、道德品质、身心健康等各个方面。而仁爱教育则侧重于培养学生的仁爱之心、同情心和责任感，这些都是素质教育中不可或缺的重要组成部分。

　　立德树人是教育的根本任务，旨在培养学生的道德品质和德行。而仁爱教育正是从娃娃抓起，从小培养学生的仁爱之心和善良品质，为他们的道德成长打下坚实的基础。

　　通过仁爱教育，学生可以学会如何与人相处、如何关爱他人，从而培养出良好的道德品质和行为习惯。这些品质和习惯将伴随他们一生，成为他们立身处世的重要基石。

解码数据里的"仁爱教育"契机

仁爱教育在小学是什么状况？这是一个值得从现象到本质进行探讨的重要课题。通过数据分析和技术应用，可以了解当下仁爱教育的现状。

(一) 小学生的"仁爱"现状

1. 小学生的"仁爱"行为

小学生对"仁爱"及"仁爱教育"，有些什么想法和表现呢？我们曾在部分小学进行了小学"仁爱教育"现状(学生卷)的问卷调查。

该问卷由副体信息和主体信息两部分组成，共32题。副体部分主要涵盖个人基本信息，包括性别、学校性质、所在年龄段和家庭成员构成四个维度。主体部分主要调查学生的仁爱能力，涵盖了学生对"仁爱"的认知与情感、原则与方法、行为与实践三个基本要素和九个能力要点。详情见表2-1。

表 2-1 "仁爱"问卷设计维度划分

	基 本 要 素	能 力 要 点
仁爱能力	认知与情感	内涵理解力：5、6、7、8
		价值认同力：9、10、18、20
		思想转化力：11、12、13
	原则与方法	原则内化力：15、16、17
		综合运用力：14、19
		反思修正力：26、27、28、29
	行为与实践	行为自觉力：21、23
		意志稳定力：22、24、25
		自我完善力：30、31、32

本研究对象选自上海某行政区小学生。之后在学校内采取分层随机抽样和简单随机抽样相结合的方法,随机抽取 7000 人左右,通过班级发放问卷,集体施测且要求当场收回问卷。总共发放问卷 7000 份,回收问卷 6875 份,有效问卷 6785 份,有效率为 98.7%。

以小学生仁爱量表为工具,对 6785 名小学生的仁爱教育总体情况进行描述性统计,其统计结果见表 2-2。

表 2-2　小学生"仁爱教育"的总体特征

名　　称	平均值	标准差	排　序
内涵理解力	2.978	0.143	1
价值认同力	2.065	0.388	6
思想转化力	2.809	0.606	2
原则内化力	1.927	0.395	7
综合运用力	2.579	0.763	3
反思修正力	2.285	0.476	5
行为自觉力	1.610	0.486	9
意志稳定力	1.746	0.803	8
自我完善力	2.317	0.527	4
仁爱能力(总)	2.257	0.510	

由表 2-2 可以看出,小学生仁爱能力均值为 2.257,标准差为 0.51,从平均分上各维度依次为内涵理解力、思想转化力、综合运用力、自我完善力、反思修正力、价值认同力、原则内化力、意志稳定力及行为自觉力,从数据上看,内涵理解力、思想转化力、综合运用力、反思修正力及自我完善力对于小学生仁爱能力的影响较大。

以下是小学生"仁爱教育"的具体数据呈现:

(1)认知与情感维度

① 关于内涵理解

内涵理解的全面性:数据反馈,学生对"仁爱"的理解聚焦于"爱党、爱国、爱人民"和"爱己、爱人、爱物",分别占比 88.09% 和 74.41%,仅 53.49% 的学生将"对人对事有规矩"看作仁爱内涵之一。见图 2-1。

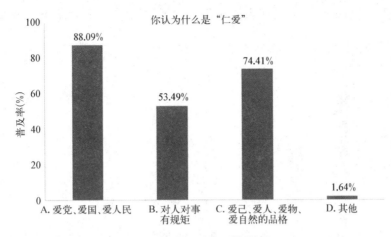

图 2-1 学生对"仁爱"的认识

　　小学生应该遵守哪些规矩？我们在进一步的细化调查中发现,学生虽然很重视人际交往和品德培养,但依然将"认真听讲,独立作业,主动学习"放在首位,比例达 85.21%;选择"尊敬师长,主动问好"和"关心父母,孝敬长辈,友好伙伴"的比例则分别为 78.90% 和 76.69%,剩余选项的选择率相对比较低。见图 2-2。

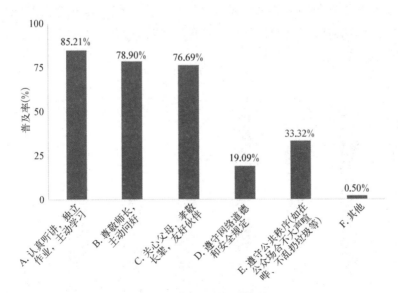

图 2-2 学生对"规矩"的认知

　　内涵理解的深入性:虽然有 88.09% 学生认为"爱党、爱国、爱人民"是仁爱的重要表现,但学生对外显型爱国行为认同度较高,如"认识并尊重国家象征"等,占比 83.89%。而选择"维护国家利益和尊严""关注国家大事"的人数比较少,仅占 29.05%和 12.56%。见图 2-3。

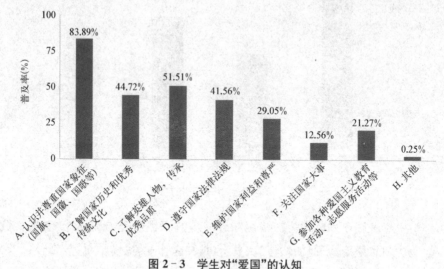

图 2-3　学生对"爱国"的认知

② 关于价值认同

学习"仁爱思想"的主动性和自觉性:小学生了解"仁爱思想"的途径主要是"自主学习",占比 54.38%;学生自主学习的主要方式为看书(90.91%)和上网(54.86%)。见图 2-4、2-5。

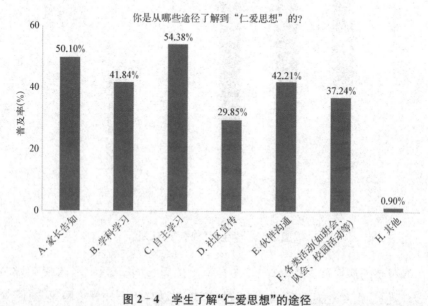

图 2-4　学生了解"仁爱思想"的途径

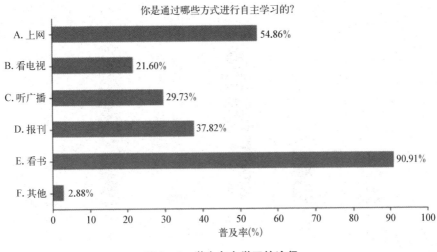

你是通过哪些方式进行自主学习的?

图 2-5　学生自主学习的途径

影响学生仁爱认同的主要因素:家庭生活和学校生活是小学生生活的两个重要场域。

家庭层面:小学生了解"仁爱思想"的另一个重要途径是"家长告知",占比50.10%。可见,家长对"仁爱思想"的认同在一定程度上影响了学生的认同度。

学校层面:"学科学习"的占比虽然只有41.84%,但大部分学生反馈,面对学生出现的错误,有的老师会等待学生情绪稳定后再进行沟通,有的在了解事情原委后和学生共同想办法解决。当学生需要帮助时,绝大多数老师愿意放下身段,与学生并肩作战,共同寻找解决问题的方法,并给予学生积极的鼓励。可见,教师在日常生活中的行为示范也在一定程度上促进了学生认同仁爱思想,激发了其自主学习的积极性。见图 2-6、2-7。

③ 关于思想转化

仁爱思想转为仁爱行为:当小学生犯错时,父母的处理方式各异。过半的父母选择心平气和地了解原因,并与孩子一起讨论解决方法。而小一半的父母(共计38%)产生了生气的情绪。面对父母不同的教育方式,过半的学生依然选择了"觉得对就接纳"。当父母心平气和与孩子一起讨论时,孩子的接纳程度是最高的。

仁爱思想丰厚仁爱行为:自己犯错时,61%的学生希望父母能够询问原因,一起讨论解决问题的方法;18%的学生希望父母不要直接介入,而是关注过程,在关

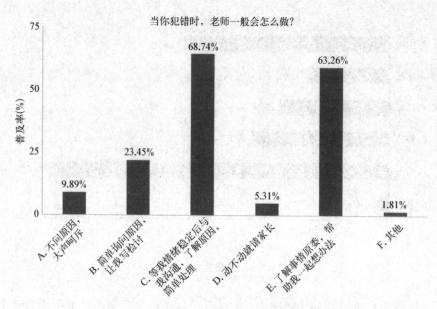

图 2-6 学生对教师"仁爱行为"的认识（一）

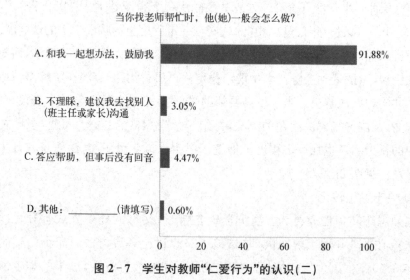

图 2-7 学生对教师"仁爱行为"的认识（二）

键处指点；5%的学生在"其他"一栏中写到了要自己想办法解决问题。汇总起来，这23%的孩子体现出了足够的意愿去自主解决问题。实现自我成长是爱自己的最好方式。见图2-8、表2-3。

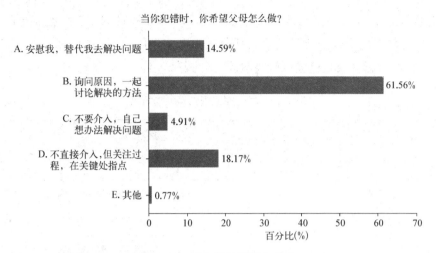

图 2-8　学生期待的教育方式

表 2-3　响应率和普及率汇总表

项	响　应		普及率
	n	响应率	$(n=5765)$
A. 同学友爱	4087	26.00%	70.89%
B. 学习氛围好	2489	15.83%	43.17%
C. 老师很关心我们	3837	24.41%	66.56%
D. 班级里有很多我的好朋友	3141	19.98%	54.48%
E. 班级开展了丰富的活动	2123	13.51%	36.83%
F. 其他	42	0.27%	0.73%
汇总	15719	100%	272.66%

备注：拟合优度检验时 $\chi^2=4128.077$　$p=0.000$

（2）原则与方法维度

① 关于原则内化

仁爱思想内化为处事原则：调查显示，绝大多数学生（84.97%）表示非常喜欢自己的班级，其主要原因是"同学友爱"（70.89%）和"老师关心学生"（66.56%）。和谐的生生关系和师生关系共同构成了一个和谐、积极向上的班级氛围。除此之外，"班级里有很多好朋友"（54.48%）、"学习氛围好"（43.17%）、"班级开展了丰富的活动"（36.83%）等也是学生喜欢班级的原因。

② 关于综合运用

对仁爱行为的期待与信赖：数据显示，当遇到困难时，79.54%的学生会选择

"找好朋友帮忙",74.82％的学生会"告诉家长",71.98％的学生会"找老师帮忙",仅3.21％选择"等着别人来帮",表明大部分学生有主动解决问题的意识。在"其他"选项,有学生写到"会自己尝试解决问题"。见表2-4。

表2-4 学生在遇到困难时的行为

第19题 当你遇到困难时,你一般会怎么做?		［多选题］
选 项	小计	比 例
A. 找好朋友帮忙	5175	79.54%
B. 找老师帮忙	4683	71.98%
C. 告诉家长	4868	74.82%
D. 等着别人来帮我	209	3.21%
E. 其他:＿＿＿＿＿＿(请填写)	186	2.86%
本题有效填写人次	6506	

仁爱行为的生活应用:数据显示,多数学生对父母或长辈都做过仁爱行为,如73.38％的学生有主动做过家务的行为,70.73％的学生能自己的事自己做,70.04％的学生帮父母解决过问题,64.06％的学生对父母长辈有过言语关心。见表2-5。

表2-5 学生在家庭中的"仁爱"行为

第14题 你对父母或长辈有过以下哪些行为?		［多选题］
选 项	小计	比 例
A. 主动做家务	4774	73.38%
B. 言语上关心	4168	64.06%
C. 自己的事情自己做,不给父母添麻烦	4602	70.73%
D. 帮父母解决一些问题	4557	70.04%
E. 几乎没有做过	324	4.98%
F. 其他:＿＿＿＿＿＿(请填写)	47	0.72%
本题有效填写人次	6506	

③ 关于反思修正

反思仁爱行为：学生关心的环境问题主要集中在"节约能源"(83.64％)、"垃圾分类"(63.01％)、"环境污染"(58.91％)和"绿化种植"(56.01％)等方面。这可能与他们日常生活的实际体验和学校教育的影响有关。见图 2-9。

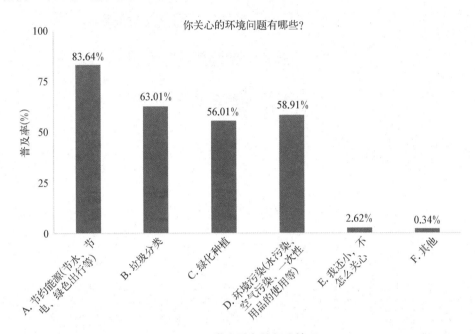

图 2-9　学生爱自然行为情况

反思仁爱教育：74.3％的学生反馈班级开展过和仁爱相关的主题教育活动。"看与仁爱相关的影片"受欢迎程度较高,占比 48.9％;也有部分学生觉得"开主题班会"和"实践体验活动"是比较有效的教育方式,分别占比 40.92％和 40.88％。见图 2-10。

(3) 行为与实践维度

① 关于行为自觉

班级中小朋友一起竞争某个荣誉时,大部分学生有明显的祝贺他人的行为。有超过一半的学生选择了真心祝贺获胜者(58.73％),而有 36.43％的学生选择了"有点难过,但是会表示祝贺",有少部分学生选择了"沉浸在自己失败的悲伤中"和"我很不高兴,不想祝贺",分别占比 2.14％和 2.7％。见表 2-6。

当别的小朋友不小心弄坏了自己的东西时,64.54％的学生没有立即做出决定,而是选择"考虑一下"。31.66％的学生选择"肯定原谅",2.82％的学生选择"肯定不原谅"。见表 2-7。

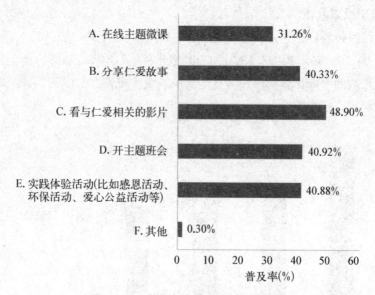

图 2-10　学生喜欢的"仁爱教育"方式

表 2-6　如果班级小朋友和你一起竞争班级某一个
荣誉,你会真心祝贺他当选吗?

选　　项	频　　数	百分比	累积百分比
A. 真心祝贺	3985	58.73％	58.73％
B. 有点难过,但是会表示祝贺	2472	36.43％	95.17％
C. 沉浸在自己失败的悲伤中	145	2.14％	97.30％
D. 我很不高兴,不想祝贺	183	2.70％	100.00％
合计	6785	100.0％	

表 2-7　如果别的小朋友不小心弄坏了你的东西,你会原谅他吗?

选　　项	频　　数	百分比	累积百分比
A. 肯定原谅	2148	31.66％	31.66％
B. 考虑一下,可能原谅,可能不原谅	4379	64.54％	96.20％
C. 肯定不原谅	191	2.82％	99.01％
D. 其他	67	0.99％	100.00％
合计	6785	100.0％	

② 关于意志稳定

对人的友善：

70.76％学生会"积极主动帮忙"，5.03％的学生表示会"找好朋友一起帮忙，不敢一个人帮忙"，20.47％的学生表示"先做自己的事情，然后再考虑帮忙"，1.78％的学生"怕受骗，不敢帮忙"。见表2-8。

表2-8　当别人需要帮忙时,你通常会怎么做?

选　　项	频　数	百分比	累积百分比
A. 积极主动帮忙	4801	70.76％	70.76％
B. 先做自己的事情,然后再考虑帮忙	1389	20.47％	91.23％
C. 怕麻烦,不想帮忙	95	1.40％	92.63％
D. 怕受骗,不敢帮忙	121	1.78％	94.41％
E. 找好朋友一起帮忙,不敢一个人帮忙	341	5.03％	99.44％
F. 其他	38	0.56％	100.00％
合计	6785	100.0％	

对动物的关爱：在看到受伤的小动物时，50.69％的学生选择"想办法带到安全的地方，再告诉家长或老师"，29.03％的学生选择"带回家或宠物医院进行医治"，11.79％的学生选择"带到安全的地方，从家里拿东西进行护理"。见表2-9。

表2-9　面对受伤动物时的选择

选　　项	小计	比　例
A. 带到安全的地方,再告诉家长或老师	3298	50.69％
B. 带回家或宠物医院进行医治	1889	29.03％
C. 不管它	435	6.69％
D. 带到安全的地方,从家里拿东西进行护理	767	11.79％
E. 其他:＿＿＿＿＿＿＿（请填写）	117	1.8％

③ 关于自我完善

自我完善的意愿：从调查问卷中可以看出：大部分学生（65.52％）非常愿意

或比较愿意参与仁爱相关班级活动,比较愿意的学生也占比 28.76%。仅 5.72% 的学生表示不愿意或者不太愿意参与。其主要原因是"学业忙"(56.45%)、"内容无聊"(53.49%)和"形式单一"(29.3%),具体见表 2-10。

表 2-10　不愿意参加"仁爱教育"活动的原因

选　　项	小计	比　　例
A. 学业繁忙,没时间	210	56.45%
B. 内容无聊,没兴趣	199	53.49%
C. 活动形式单一,太枯燥	109	29.3%
D. 活动没意义	82	22.04%
E. 家长不支持	52	13.98%
F. 其他:＿＿＿＿＿＿＿＿(请填写)	10	2.69%
本题有效填写人次	372	

自我完善的途径:学生有意愿通过选择自己喜爱的活动方式来提升自己的仁爱能力、不断完善自己的行为。从问卷结果来看,"爱心义卖活动"和"生态环保活动"较受学生喜爱,分别占比 79.35% 和 45.59%。见表 2-11。

表 2-11　你希望学校开展哪些"仁爱教育"主题活动

选　　项	小计	比　　例
A. 爱心义卖活动	4577	79.35%
B. 社区志愿者服务活动	2878	44.24%
C. 慰问孤寡老人或残疾人活动	2786	42.82%
D. 感恩父母活动	2520	38.73%
E. 生态环保活动	2966	45.59%
F. 其他活动(请补充)＿＿＿＿＿	57	0.88%
本题有效填写人次	6506	

2. 小学生"仁爱教育"的需求

经过问卷调查和分析,我们得出的结果主要是:

(1) 系统性的仁爱认知,丰富仁爱情感

系统性的仁爱认知是丰富仁爱情感的基础和前提。只有对仁爱有全面、深入的理解,才能形成深刻、持久的仁爱情感。同时,丰富仁爱情感又是系统性仁爱认知的动力和源泉。强烈的仁爱情感会驱使个体更加积极地学习和实践仁爱,从而进一步丰富和完善自己的仁爱认知。目前学生的仁爱认知呈现出以下两个问题。

① 内涵认知的全面性

学生在仁爱方面的理解主要聚焦于爱党爱国爱人民和爱己爱人爱物,但对"对人对事有规矩"的理解相对薄弱。这表明学生在仁爱教育中,对于规矩和纪律的重要性认识不足。原因主要有以下几个方面:

教育内容狭隘:当前仁爱教育可能过于侧重爱党爱国和爱己爱人,而忽视了守规矩、爱自然等其他重要方面,导致学生对仁爱内涵的片面理解。

教育活动割裂:各类活动往往针对仁爱思想中的仁义礼智信孝悌忠恕等其中的某一个内容进行,而忽视了它们之间的内在联系。例如在诚信主题教育活动中往往强调守诺和信任的重要性,容易忽视尊重他人之礼、遵守社交规矩、坚持正义、尽职尽责之间的相互作用。

由于对仁爱认知不全面,学生可能无法在家庭、学校和社会生活等不同场域中全方位体验到仁爱所涵盖的亲爱、博爱和大爱,从而导致仁爱情感的淡化。

② 仁爱认知的深入性

学生对"爱国"有一定的认知,但是认知较为浅显,对外显型爱国行为认同度较高,如认知并尊重国家象征。他们对友善的理解也仅仅停留在尊重同学和珍爱自己。

一方面,当下的活动形式单一,当前班级开展的仁爱教育活动主要聚焦"仁爱故事""仁爱影片""仁爱主题班会"等认知体悟类活动,实践类的活动相对比较少。忽视了情感的体验和行为的实践,使得学生对仁爱的理解停留在表面,难以深入内心。另一方面,资源选取随意,不贴近学生、不贴近生活、不贴近实际,导致教育停留在泛泛而谈,无法深入核心。

学生在部分情况下能够表现出对仁爱的认同,但由于对仁爱认知缺乏深刻性,这种认同可能不够稳定,容易受到外界因素的影响而波动。

(2) 时代性的仁爱方法,夯实仁爱行为

新时代的仁爱方法需要结合现代仁爱价值观,聚焦真实情境和注重实践创新。

目前的教育方式存在以下问题：

① 教育方式脱离学生真实需求

从提供的数据分析来看，部分班级开展仁爱教育的形式主要以主题班会和仁爱故事为主。而学生喜爱的教育形式是"仁爱影片"和"实践体验活动"。影片可以直观地展示仁爱行为，更具吸引力；实践体验活动则能让学生亲身体验和践行仁爱，加深理解和感受。两者的不匹配可能会影响仁爱教育的效果和学生实践仁爱行为的主动性与稳定性。

② 不符合现代价值观

一些传统的仁爱方法可能不符合现代社会的价值观和行为习惯，导致人们在实践中感到困惑或无所适从。比如当别人需要帮忙时，1.78%的学生担心受骗，不敢帮忙。学生的选择并不代表他们没有仁爱思想，社会的复杂性让这些学生的思维产生了冲突，影响了其行为的稳定性。如何既能传承助人为乐这一传统美德，又能保护自己呢？新时代的仁爱思想不要求一味付出，而是引导学生在遵守规矩的基础上智慧地帮助他人，保护自己。

（3）灵活性的仁爱实践，强化仁爱价值

仁爱作为人类道德的核心价值观之一，其实践方式应随着时代的发展和社会的变化而不断调整与创新，从而帮助学生应对各种复杂的社会情境，还能进一步强化仁爱的价值。

① 基于真实情境的支架式学习

仁爱不仅是一种抽象的概念，它更需要在具体的社交与道德情境中得以体现和实践。不同情境下的仁爱行为可能有所不同。例如在看到受伤的小动物时，有的学生选择"想办法带到安全的地方，再告诉家长或老师"，有的选择"带回家或宠物医院进行医治"，也有的选择"带到安全的地方，从家里拿东西进行护理"。可见，大部分学生能够认识到受伤的小动物处于弱势，需要帮助和救治，并采取不同的方式释放善意，主动提供帮助和救治。但这样的情境还不够具体，如果小动物在马路中央呢？社会环境是复杂的，行为是否仁爱，如何实施仁爱行为，都需要在真实情境中辨析。真实情境能够为学生提供直观、生动的学习体验，使他们更容易理解和接受仁爱教育的内涵。学生运用真实情境中所学的仁爱知识去解决实际问题，这有助于培养他们的实践能力和应对能力。

② 基于真实反馈的灵活性教育

缺乏有效的反馈渠道和机制，使得学生的真实感受和需求难以被教师及时获知。即使有学生提出反馈，也可能因为缺乏响应或改进机制而流于形式。教师能够根据学生的真实反馈，对教育形式、内容、时间、地点等进行灵活调整。这种灵活调整的教育旨在为学生提供更加个性化、多样化的学习体验，促进他们的全面发展。

此次调查与分析的结果，为我们如何保持常态和长程进行仁爱教育提供了借鉴参考，对深化小学仁爱教育做到心中有底，出策有方。

（二）小学"仁爱教育"的现状

1. 学校里"仁爱教育"的地位

学校教育千头万绪，仁爱教育作为一种特殊的教育，是否在学校有地位，这不仅由教育行政部门和学校的主导意见所决定，而且受教师的行为所影响。

当前小学的仁爱教育存在两大问题。

第一，仁爱思想植入缺少知信行统一。仁爱教育大多停留在说理和说教层面，学生一知半解，一旦脱离了学校所创设的环境，行为表现容易出现反复或走样。

第二，仁爱活动评价缺乏精准性。一方面，仁爱品格的外显往往需要借助生活中的真实情境，学生在不同情境下的选择会出现较大的差异；另一方面，学生的思维具有隐藏性，而且处于不断发展变化的状态，在一定程度上增加了评估难度。

同时，在研究和探索中，我们还发现，小学在仁爱教育实施中，还有一些薄弱环节，主要表现在：

一是缺乏对新时代仁爱思想的概念界定。西方的仁爱思想主要与宗教、伦理相关，眷注人本与博爱、造福与奉献，这点与我国崇尚的"爱亲""爱人""泛爱众"及"忠恕"等理念有异曲同工之处，且两者都重视关系的建立。西方关怀伦理的基础是心理学，大多建立在观察、访谈、数据、归纳分析等基础上，有着明显的实证特色；儒家仁爱伦理的基础是人生的智慧，大多来源于人们的人生体验和真情实感，因此具有神秘性和模糊性的特点。西方关怀伦理和儒家仁爱伦理的核心都是"关爱"，主张由近及远的差别爱。我国拥有悠久的历史积淀，较之西方，更具不同层次的分化与理解。

近年来的研究开始关注到校级、班级层面的思想教育，但大多聚焦在传统的仁爱思想上。传统仁爱思想注重亲情、友情、爱情等人际关系的处理，强调"仁者爱人""己所不欲，勿施于人"等原则。新时代仁爱思想在继承这些优秀传统的基础上，进一步拓展了仁爱的内涵与外延，强调人人平等、相互尊重的价值观念，而且它不仅是一种理论观念,更强调在实践中的应用与体现。

二是缺少一线教师领衔的育人策略探索。以关键词"小学""仁爱教育"进行检索,仅有 29 条相关内容,集中于对"教育理念、传统文化、以德育人、校本化"等主题的探索,学术断层性和基础教育研究并不凸显,呈现自上而下的整体规划,重理论研究,由一线教师领衔的专题探索难寻觅,小学阶段的研究力度和深度皆待扩充,研究视角亟待丰盈。

现阶段的研究可聚焦一线教师领衔的育人探索,强化育人队伍的师资建设和小学阶段的启育萌芽期的发展意识培养。

三是缺失基于有效扎根的实施路径研究。根据已知的小学阶段文献内容,我们还发现:近年来,学者更聚焦于家校社协同下的关系构建,如前面所提及,而针对小学阶段学生发展的实践探索力度不大,为此,课程开发的长程性和传播性不足。此外,目前仁爱思想教育推行普及面有限,仅有的一些校本化课程在实施过程中,虽能依照学生的发展规律设计,但因为教师缺乏某些专业化的知识,且没有制定具体的评价机制,没有细化评价内容,所以很难对学生进行过程评价及结果评价,这就使学生无法在第一时间获得评价结果并修正,不利于学生的发展和教育的扎根。

小学阶段作为学生思想和行为培养的重要启蒙期,教学评一体化实施非常重要,只有有效的评价与应用才能有助于教育目的的落地、生根。因此,其给予了我们在后续路径架构和实践应用期间,借助家校社协同的力量,站在时代和儿童立场上,共同开发扎根性系列课程的价值启示。这样,更有助于实现将仁爱思想转化为仁爱教育的可操作性及可借鉴性的范式与操作路径,在教学评一体化的构建中推动育人实效真正落地、扎根,在动态循环的育人实践中加强小学生仁爱思想、行为的正向发展,实现多方协同下的共生成长。

另外,从整体上看,小学仁爱教育受到重视,这与中华优秀传统文化的传播和非遗的传承等相关,因此有了更多的依据和理由。另外,由于一批对"仁爱"有特殊敏感性和对"仁爱教育"有先知先悟的教师作为,仁爱教育在小学的地位有上升趋势。有的学校甚至主打仁爱教育。如上海有一所学校近年来依据"兴然教育"的教育哲学及"让每一个生命兴然生长"的办学宗旨,确立了"给予每一个生命兴然生长的力量"的课程理念。通过梳理已有特色课程,学校构建起包含兴语、兴智、兴健、兴创、兴艺、兴仁六大课程领域在内的 HAPPY 课程体系,通过兴然课堂、兴然学科、兴然社团、兴然节日、兴然之旅、兴然探究的实践与探索,以及"兴动少年"的评选,努力实现学校"亮堂堂、机灵灵、活泼泼"的育人目标,培养有理想、有本领、有担当的时代新人。"兴仁"作为课程具有标志性意义。

不过,相对而言,仁爱教育在小学还处于弱势地位,仁爱教育的基础地位不牢,生长空间有限;扎根形态不稳,关注程度受限;教育渠道不广,影响行为有限。

2. 教师对"仁爱教育"的态度

小学生仁爱的言行形成和意识巩固,除了自身的因素之外,教师对仁爱的重视和对仁爱教育的态度也有很大的影响。

为了更准确地了解教师在仁爱教育上的内心世界,我们进行了小学"仁爱教育"现状(教师卷)的调查。其统计结果见表2-12。

表2-12 教师"仁爱教育"的总体特征

名　　称	平均值	标准差	排　序
内涵理解力	3.690	0.179	2
价值认同力	1.091	0.32	9
思想转化力	2.162	0.535	6
原则内化力	1.635	0.852	7
综合运用力	2.768	0.725	4
反思修正力	2.831	1.269	3
行为自觉力	3.875	0.503	1
意志稳定力	1.166	0.408	8
自我完善力	2.624	0.790	5
仁爱能力(总)	2.427	0.620	

由表2-12可以看出,教师仁爱能力均值为2.427,标准差为0.620,从平均分上各维度依次为行为自觉力、内涵理解力、反思修正力、综合运用力、自我完善力、思想转化力、原则内化力、意志稳定力及价值认同力。从数据上看,行为自觉力、内涵理解力、反思修正力、综合运用力、自我完善力对于教师仁爱能力的影响较大。

(1)仁爱认知碎片浅表,易导致学生仁爱情感不深厚

教师的仁爱认知水平影响着学生的认知与对仁爱思想的态度。

① 内涵认知不全面,影响仁爱情感的连续性激发

根据图2-11的数据反馈,教师对仁爱的理解是多维度的,"爱党、爱国、爱人

民"(85.4%)、"友善待人"(87.77%),都被看作仁爱的内涵之一,其中"爱己、爱人、爱物、爱自然"(96.84%)的选项是最高的。

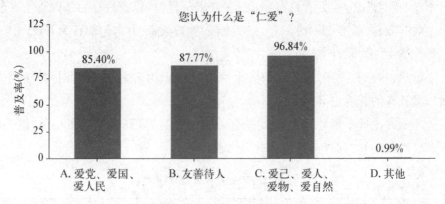

图 2-11　教师对"仁爱"的认知

在进一步调查中我们还发现,教师对"仁爱"的理解主要聚焦于"爱党、爱国、爱人民"和"爱己、爱人、爱物",但对"对人对事有规矩"的理解相对薄弱。教师对"爱国""友善"的理解也有不全面、不完善之处,对"尊师孝亲""珍爱生命"等内容不够重视。可见,教师对"仁爱"的理解虽有一定的广度,但还不够全面系统,因此对仁爱教育也往往呈点状进行,不能将仁爱教育以点连线,以线成面。

当教师的仁爱认知呈现碎片化时,他们可能只能提供零散、不系统的仁爱知识或观念。这种碎片化的教育容易使学生形成片面、局部的理解,无法把握仁爱思想的深层内涵。学生可能会记住一些具体的仁爱行为或故事,但缺乏对仁爱本质和价值的深刻理解,导致他们的仁爱情感难以持久和深入。

② 仁爱认知不深入,影响仁爱情感的个性化发展

大部分学校会组织仁爱主题的活动,但根据班级的具体情况和学生特点扎实推进仁爱主题活动的较少。

根据图 2-12 的数据显示,学校开展过仁爱教育活动主题班会和"分享仁爱经典故事"的较多,分别占 78.95% 和 76.32%。"观看仁爱相关视频"活动开展得较少,仅有 57.29% 开展过相关活动。

部分教师可能还没有充分认识到班本化实施仁爱主题活动的价值,认为全校统一的活动已经足够达到教育目的,而忽视了班级差异和学生个性需求的重要性。部分教师虽然有班本化落实的意识,但在班本化推进的过程中,通常只针对仁义礼智信孝悌忠恕等其中的某一个内容进行,这导致了师生对仁爱认知的不全面。

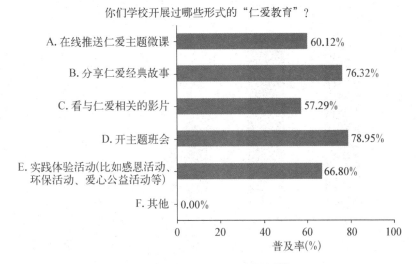

图 2 - 12　学校开展"仁爱教育"情况

教师的仁爱认知停留在浅表层次,只是通过简单校园活动传授仁爱知识,而缺乏对其背后的文化、历史、哲学等深层次内容的班级探讨。这种浮于表面的活动容易使学生产生肤浅的认知,认为仁爱只是一种表面的行为或规范,这种认知状态会限制学生对仁爱情感的深入体验和感悟。

因此,教师的仁爱认知存在碎片化和浅表性,可能会导致学生无法形成对仁爱思想的全面和深刻理解。他们的仁爱情感可能会因此变得浅薄、不稳定,容易受到外界因素的影响而波动。在面对复杂的道德情境时,学生可能会感到困惑和迷茫,无法做出正确的道德判断和选择。

(2) 仁爱教育流于形式,易导致学生仁爱行为不坚定

当前的仁爱教育仅仅停留在简单的说教、机械的记忆或偶尔的实践活动,学生无法真正理解和内化仁爱思想。因此,往往只会在特定的场合下表现出仁爱行为,一旦脱离了这个环境,他们的行为就可能回归原状。

① 教育方式脱离学生需求,影响学生仁爱行为的主动性

根据图 2 - 13 的数据显示,"总是"在班级中开展仁爱活动的占 38.86%,"经常"开展仁爱教育活动的占 40.83%。班级开展仁爱教育活动的形式都有所涉及,78.95%的教师开展仁爱教育活动主题班会,76.32%的教师组织"分享仁爱经典故事",57.29%的教师组织"观看仁爱相关影片"的仁爱教育活动。

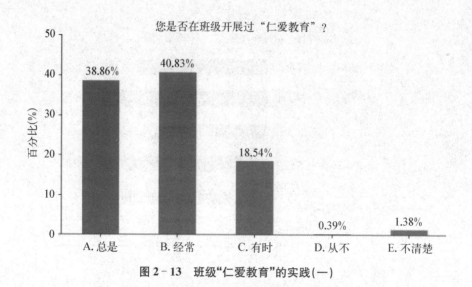

图 2-13　班级"仁爱教育"的实践(一)

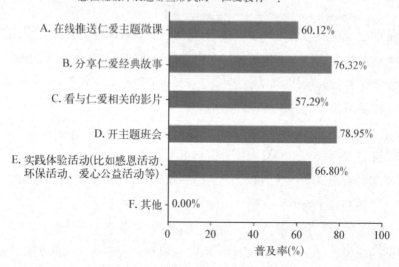

图 2-14　班级"仁爱教育"的实践(二)

　　教师注重正向价值的植入,与学生问卷数据相对应,教师在班级开展仁爱教育的形式的确是以主题班会和仁爱故事为主,而学生比较喜欢的"观看仁爱影片"形式较少。教师认为的"分享仁爱经典故事"是最有效的教育方式,这一认知与学生实际的兴趣点并不相符。

　　形式单一:仅仅依靠知识讲授、说教或简单的实践活动时,学生可能会感到枯燥无味,缺乏参与感和体验感。这种单一的教育方式往往只能让学生被动地接受知识,而无法真正触动他们的内心,引发他们对仁爱行为的主动思考和实践。

缺少个性:每个学生都是独一无二的个体,他们有着不同的兴趣、爱好、认知水平和情感体验,因此,他们对于仁爱教育的需求也是多样化的。如果教育方式忽视了学生的这种多样性,采用一刀切的教学模式,那么很难满足所有学生的需求,也就难以激发他们的主动性和积极性。

当教育方式脱离学生需求时,学生的主动性往往会受到抑制。他们可能会觉得仁爱教育与自己无关,或者只是为了应付考试或完成老师的任务而学习。这种被动的学习态度很难转化为对仁爱行为的主动实践,也就无法真正培养学生的仁爱品质。

② 资源选择缺乏时代新意,影响学生仁爱行为的持续性

随着社会环境的变化,学生的兴趣和需求也在不断变化。如果选择的教育资源缺乏时代新意,就很难发挥应有的作用。学生可能会觉得仁爱教育与现实生活脱节,从而失去学习的动力和兴趣,进而影响仁爱行为的持续性。

根据图 2-15 的数据分析,99.61% 的教师比较注重正向价值观的有效植入,其中,注重"爱党爱国"的爱国主义教育占了 88.49%,注重"明理守法"和"诚实守信"社会主义核心价值观教育达到 64.88% 和 62.10%。对于"孝亲尊师"的传统文化教育,关注度并不是最高的,仅有 40.28%。"珍爱生命"的生命安全教育占比较低,仅有 34.13%。

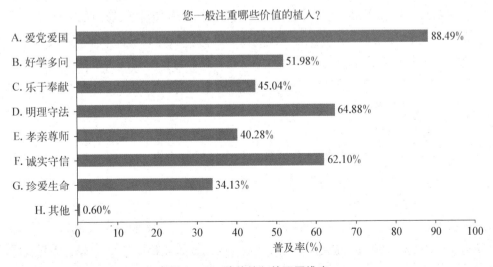

图 2-15　价值植入的不同维度

生命教育的缺失：在价值植入的选择中，教师没有关注到"珍爱生命"这个内容。生命教育是仁爱教育的重要组成部分，它强调对生命的尊重、珍视和保护。如果教师没有将生命教育纳入仁爱教育的体系中，学生就很难形成对生命的深刻理解和敬畏之心。这种缺失不仅会影响学生对自身生命的珍视，还可能导致他们对他人和自然界生命的漠视，从而影响仁爱行为的持久性。

环保意识的淡薄：在生态环境问题日益突出的今天，环保意识已经成为每个人必须具备的素养。教师选择的资源中缺乏环保类的内容，学生很难形成对环境保护的深刻认识和责任感。这种淡薄的环保意识会使学生在面对环境问题时缺乏行动力，进而影响仁爱行为的延续性。

仁爱行为的指导应该与学生的日常生活紧密相连，只有这样，学生才能在实际生活中找到应用仁爱思想的场景和机会。如果教育方式脱离了学生的生活实际，那么学生可能会觉得仁爱行为是一种遥不可及的理想或规范，而无法持续将其融入自己的日常行为中。

（3）实践引导任务驱动，导致学生仁爱价值不稳固

① 实践指导动力不足，影响学生仁爱价值的深刻性

教师在教育实践中的动力不足直接影响了学生对仁爱价值深刻性的理解和内化。当前，许多教师在实施仁爱教育时往往缺乏内在的动力和热情，往往以完成学校任务为主，甚至会认为仁爱教育占用了时间。这种态度导致教师对学生仁爱实践的引导处于就事论事的状态，难以真正触及学生的心灵。

只有当教师真正具备仁爱的主动性，他们才能以更加科学、有效的方式将仁爱价值传递给学生。这种主动性不仅体现在教师对仁爱教育的深入理解和热爱上，还体现在他们在实践引导中的创新和实践上。只有当教师真正相信仁爱教育的价值，并愿意为之付出努力时，才能确保仁爱教育中的实践引导真正发挥其应有的作用，帮助学生成长为具有仁爱之心的人。

② 评价引导忽视实效，影响学生仁爱价值的持续性

教师认为有效的仁爱教育形式与学生喜爱的教育形式存在一定的不匹配现象。反映了教师在日常活动的开展中没有关注到学生真实的反馈，缺失了评价的设计，只是完成一个教育的任务。

忽视真实反馈：当教师在日常教育活动中忽视了学生的真实反馈，缺失了评价的设计，只是机械地完成教育任务时，实践活动就难以根据学生的实际情况及时调整和优化。

学生是教育活动的主体,而非被动接受者。在开展仁爱教育活动时,应积极收集学生的反馈意见,了解他们对活动的喜好、参与度及存在的问题。通过设计有效的评价机制,如问卷调查、小组讨论、个别访谈等,更准确地掌握学生的真实想法和需求,从而及时调整和优化实践活动,使其更加贴近学生的实际生活,提高教育的实效性。

忽视动态调整:一方面,学生的成长是一个动态的过程,他们的行为表现、价值观念都会随着时间的推移而发生变化。如果评价方式缺乏动态调整,就无法及时捕捉到这些变化,导致评价结果的滞后和不准确。另一方面,仁爱价值的培育需要长期的熏陶和引导。如果评价方式不能随着学生的成长而动态调整,就无法有效地深化学生对仁爱价值的理解和认同。

因此,应建立动态的评价体系,定期对仁爱教育活动进行评估和总结。通过对比学生前后的行为变化、价值观发展情况及活动效果,发现存在的问题和不足,及时提出改进措施,并付诸实践。这种持续改进的过程有助于确保仁爱教育的实效性,并促进学生的全面发展。

设计科学、动态的评价体系,确保它能够真实、准确地反映学生的仁爱行为表现和价值观发展情况。注重评价的激励和引导作用,让学生在评价中感受到自己的进步和成长,从而激发他们对仁爱教育的兴趣和热情,为仁爱价值的持续性培养奠定坚实的基础。

(三) 家长对"仁爱教育"的期盼

仁爱最早发生在家庭,在亲情,因此,家庭就应当是仁爱的天地,家长就应当是仁爱的模范,这是不容置疑的。

1. 家长对"仁爱教育"的支持

为进一步了解家长对仁爱教育现状的认识,我们以家长仁爱教育问卷为工具,对 8214 名家长的仁爱教育总体情况进行描述性统计,统计结果见表 2‑13。

表 2‑13　家长"仁爱教育"的总体特征

名　　称	平均值	标准差	排　序
内涵理解力	3.625	0.165	3
价值认同力	4.749	1.215	1

续　表

名　　称	平均值	标准差	排　序
思想转化力	2.375	0.485	8
原则内化力	2.926	1.268	4
综合运用力	3.899	0.772	2
反思修正力	2.332	0.522	5
行为自觉力	2.709	1.362	6
意志稳定力	1.200	0.444	9
自我完善力	2.573	1.105	7
仁爱能力（总）	2.932	0.815	

由表 2-13 可以看出，家长仁爱能力均值为 2.932，标准差为 0.815，从平均分上各维度依次为价值认同力、综合运用力、内涵理解力、原则内化力、反思修正力、行为自觉力、自我完善力、思想转化力及意志稳定力，从数据上看，价值认同力、综合运用力、内涵理解力对于家长仁爱能力的影响较大。

大部分家长（81.51%）非常愿意让孩子参与仁爱相关班级活动，比较愿意的家长也占比 17.36%。仅 0.79% 的家长和 0.35% 的家长表示不太愿意让孩子参与或者直接表明不愿意。其主要原因是"学业忙"（53.19%）、"活动没有意义"（38.30%）、"没什么效果"（20.21%）和"其他"（13.83%）。家长愿意让孩子参加学校的仁爱教育活动，且期待仁爱教育能像学科教育一样马上有成效。见图 2-16。

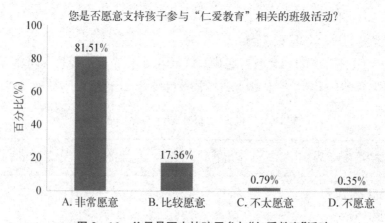

图 2-16　父母是否支持孩子参与"仁爱教育"活动

如果您不太愿意或不愿意支持孩子参与"仁爱教育"活动，主要原因是什么？

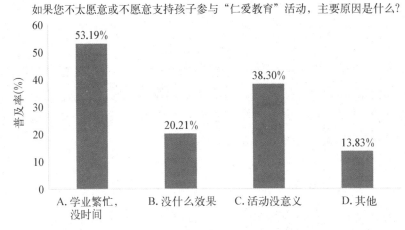

图2-17　父母支持与不愿支持孩子参与"仁爱教育"活动的原因

可见，虽然大部分家长支持学校开展仁爱教育活动，但仍存在一些问题：

(1) 对仁爱理解不全面，影响孩子的仁爱认知

部分家长对仁爱的理解，往往只停留在表面，将其简单地等同于尊重他人，有同情心。然而，仁爱是一个更为广泛和深刻的概念，它不仅包括对他人的尊重和有同情心，还涵盖了珍爱自己、帮助他人、包容他人、乐于合作等多个方面。家长对仁爱内涵的这种片面理解，可能导致他们在教育孩子时忽略了仁爱教育的全面性。家长可能只强调孩子要尊重他人、换位思考，却忽视引导孩子正确帮助他人，适当包容他人，学会与他人合作。这就导致他们无法将仁爱理念与实际行动有效结合。家长对仁爱教育的认知不足会影响孩子"正知正见"思想的扎根，从而限制他们在成长过程中对仁爱价值的深入理解和实践。

(2) 对仁爱教育不重视，影响孩子的仁爱行为

在当今社会，许多家长过于重视孩子的学业成绩，而忽视对孩子的仁爱教育，尤其是仁爱思想的培育。家长过于关注孩子的学业成绩，而忽视了仁爱教育的重要性。他们可能认为，只要孩子学习成绩好，就能在未来获得更好的机会和成功。这种"重智轻德"的教育理念忽略了仁爱教育在塑造孩子健全人格和价值观方面的关键作用。缺乏仁爱教育的孩子可能变得冷漠、自私，缺乏对他人的关爱和尊重。这不仅会影响他们的人际关系和社交能力，还可能对他们产生深远的负面影响。

2. 家长对"仁爱教育"的需求

(1) 与时俱进的方法指导

① 灵活的教育方式,激发孩子仁爱行为的自主性

社会的发展使孩子的成长环境日趋复杂多元,但许多家长在仁爱教育上仍沿用传统方法,难以满足新时代需求。部分家长偏重传统家庭观念和道德规范,忽视了现代社会对自由、平等、尊重的价值观的追求。说教式的教育常遭孩子抵触,而物质条件的提升并未伴随品德和情感教育的加强。功利化的教育削弱了仁爱教育,易使孩子形成"成绩至上"观念,忽视仁爱行为的持续培养。

每个孩子的成长都具有独特性和阶段性,但家长的权威观念仍主导着部分家庭,限制了孩子的成长空间,阻碍了孩子对仁爱价值的理解与实践。家长往往要求孩子无条件服从,忽视培养其独立思考和自主解决问题的能力,这不仅抑制孩子的个性发展,还可能导致孩子在复杂问题面前缺乏应对能力,缺乏践行仁爱的自信和勇气。

家长需要尊重孩子的个性与兴趣,提供多样化的学习体验;鼓励孩子自主决策与承担责任,注重情感引导与价值观培养,创造实践机会与反思空间,从而有效地培养孩子的仁爱之心,并激发他们落实仁爱行为的自主性。

② 系统的教育内容,保障孩子仁爱行为的持续性

仁爱教育过程中,一些家长的教育方式过于零散和片段化,未能形成系统的教育体系。家长可能只是在孩子出现行为错误时才对孩子进行相关的仁爱教育,而忽视了日常生活中无处不在的仁爱教育。家长就事论事,不会根据具体情况加以展开,仅仅满足于事情的解决,而不是满足于孩子能力的提升。这种点状式的教育方式不仅难以让孩子形成稳定的仁爱行为习惯,还可能让孩子对仁爱理念产生误解或忽视。一些孩子可能只在特定的情境下表现出自己的仁爱行为,而在日常生活中则缺乏相应的意识和行动。

为了培养孩子的仁爱之心,确保他们的仁爱行为能够持之以恒,家长需要和教师共同构建一套全面、连贯、有针对性的仁爱教育内容体系。

(2) 丰富多样的实践引导

① 新时代背景下的价值观革新

传统的仁爱价值观更多地强调家庭、亲情和友情的重要性,以及对他人无私的付出和奉献。这种价值观在旧时代中确实维护了社会稳定和家庭的和谐,但在新时代背景下,传统仁爱价值观的局限性也逐渐显现。一味地强调无私付出和奉献

可能会忽视孩子的安全和他自身的发展。

新时代背景下,仁爱价值观被赋予了更多的内涵和要求。它不仅强调对他人的关爱和尊重,还注重个体自由、平等和尊重等价值观的融合。这种仁爱价值观更加开放、包容,在保证孩子正常与人交往的同时,也要关注个人、关注他人、关注生命自然、关注社会的和谐,真正做到立己达人。

② 家校协同背景下的高质量陪伴

在仁爱教育方面,家长的陪伴和引导至关重要。然而,由于现代社会的快节奏和高压力,许多家长可能无法给予孩子足够的陪伴和引导。他们可能忙于工作、社交或其他事务,而忽视了与孩子的交流和互动。这种缺乏陪伴和引导的情况可能导致孩子在成长过程中缺乏相对应的情感需求,从而无法有效地理解和践行仁爱理念。此外,一些家长错误的仁爱价值观念与错误的引导还可能使孩子在面对复杂问题时缺乏正确的判断和解决问题的能力。

探寻长程里的"仁爱教育"体系

(一) 小学"仁爱教育"的核心

根据对当代小学和小学生的了解,我们认为在小学开展仁爱教育可以侧重"仁和""忠恕"这两个关键内容。具体细分为爱己、爱亲、爱人、爱物、爱校和爱国。见图 2 - 18。

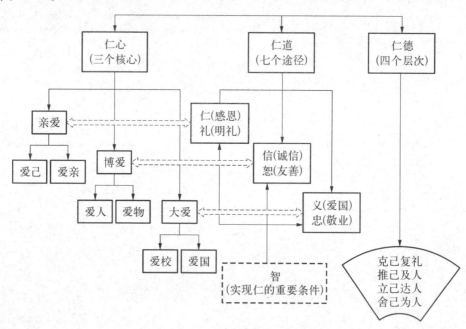

图 2 - 18　小学"仁爱教育"的核心

1. 仁和——知仁心、识仁道、建仁德

"仁",中国古代一种含义极广的道德范畴,本指人与人之间相互亲爱。孔子把"仁"作为最高的道德原则、道德标准和道德境界。他第一个把整体的道德规范集于一体,形成了以"仁"为核心的伦理思想结构,包括孝、弟(悌)、忠、恕、礼、知、勇、

恭、宽、信、敏、惠等内容。"和"是社会学和美学特别是中国哲学的重要范畴。

"仁和"指的是仁爱与和谐的意思,强调人们应该以仁爱的态度对待他人并且保持和谐的关系。"仁和"由两个汉字组成,其中:"仁"意为仁爱、仁慈,指的是对他人的关爱和善意;"和"意为和谐、和睦,表示人与人之间的关系应该和睦相处。仁和大多用来形容人与人之间的关系形态和相处方式。

新时代的仁爱教育,要以"仁和"为中心,着眼"仁和",旨在培养小学生仁爱品格,可以从"亲爱、博爱、大爱"三个角度出发,包含"知仁心、识仁道、建仁德"三方面,通过个人、社会到国家三个层面来体现对小学生仁爱思想培育的价值导向,围绕"仁、礼、信、恕、义、忠、智"七个途径实施仁爱教育,以期达成"克己复礼、推己达人、利己达人、舍己为人"的道德高度,彰显新时代仁爱思想的当下浸润势态。

知仁心:引导学生认识并体验仁爱之心。仁爱教育首先要让学生理解什么是仁爱,通过故事、实例等形式,让学生感受到仁爱的温暖和力量。例如通过讲述历史上或现实生活中具有仁爱之心的人物事迹,激发学生对仁爱的认同和向往。

识仁道:教授学生仁爱的道理和行为准则。仁爱不仅是一种情感,更是一种行动指南。学校可以通过课程设置、校园文化活动等形式,向学生传授仁爱的具体表现和行为规范,如尊老爱幼、助人为乐、诚实守信等。

建仁德:培养学生的仁爱品德。仁爱教育不仅要求学生理解仁爱的内涵,更要求他们在日常生活中践行仁爱。学校可以鼓励学生参与志愿服务、公益活动等,通过实际行动来培养他们的仁爱品德。同时,教师也应以身作则,用自身的仁爱行为来影响学生。仁爱教育说到底是围绕"仁爱"的内涵而展开的教育,既是对中华优秀传统文化的传承和历代道德伦理的汲取,也是对当下思想品德的重塑和善良言行的推崇。

2. 忠恕——体谅、宽容、立人

儒家经典是中华传统优秀文化的重要组成部分,用两个字来解释仁的话,就是忠恕,这被孔子认为是实现"仁"的方法和途径。

"忠恕",儒家的一种道德规范。忠,谓尽心为人。"忠",朱熹注解:"尽己之谓忠。"意思就是说,尽心尽力把自己分内的事做好,就做到了"忠"。恕,谓推己及人。出自《论语·里仁》。"恕"其实就是孔子所说的"己所不欲,勿施于人。人非圣贤,孰能无过"。倘若朋友偶尔犯了小过失,我们能原谅、包容他,就做到了"恕"。

"忠",主要针对自己,是表示自己对道义的忠,对道德的忠,对道法的忠。也可以说是坚持交往的原则,坚守交往的底线,坚定处世的准则。而"恕",含有宽恕、饶恕的意思,宽恕别人的弱点缺点,也宽恕别人的长处优势。而真正做到宽恕,最彻底的宽恕,是既能容忍别人的缺点,还能欣赏别人的长处。

体谅:教导学生学会换位思考,体谅他人的感受和需求。在人际交往中,体谅是建立和谐关系的基础。通过角色扮演、情景模拟等方式,可以让学生体验不同角色的感受,从而培养他们的体谅之心。

宽容:引导学生学会宽容他人的过错和不足。宽容是仁爱的重要表现之一,它能够化解矛盾、增进理解。开展宽容教育主题活动、分享宽容故事等形式,可以让学生认识到宽容的价值和意义,并学会在日常生活中实践宽容。

立人:培养学生成为具有仁爱之心、能够立身处世的人。仁爱教育的最终目标是让学生成为具有高尚品德、能够为社会做出贡献的人。学校应注重学生的全面发展,不仅关注他们的学业成绩,更关注他们的品德修养和社会责任感。仁爱教育的实施,可以让学生学会关爱他人、服务社会,成为有担当、有爱心的人。

在新时代德育视域下,"恕道"的德育价值可以理解为:青少年学生应当心怀仁爱之心,在与他人相处时,以己度人,学会换位思考,为人处世要宽厚,要体谅他人,但同时也明白宽容是有原则和底线的,宽宥他人并不是一味地纵容。

(二) 小学"仁爱教育"的目标

仁爱教育的内涵决定了其目标不是为了"仁"而"仁",也不是为了"爱"而"爱",其目标很明确,就是以德树人。"仁"是德的具体内容,"爱"是德的具体指向。

对比传统仁爱思想,新时代仁爱思想应有"选择性的传承,创造性的转化"。具体如下:① 变单项的自我约束为多向的互尊互助;② 从一味的宽容顺从到适时的理性接纳;③ 从理想的道德要求到务实的道德行为。基于以上的思考,我们以传统的仁爱教育为基点,结合时代的要求,系统化构建仁爱教育的目标及内容体系,以便更好地开展新时代小学仁爱的扎根教育。

1. 梳理并确立:"亲爱、大爱、博爱"三大维度教育总体目标

区域出版了中小学学生成长指导系列丛书,其中《让社会主义核心价值观落细落小落实》主题班会的实践探索》一书中,对公民层面核心价值观教育开展的小学、初中、高中三个年段要求都有了一定的解读,现将本书中对小学阶段的具体要求摘录如下(见表2-14)。

表 2 - 14

爱 国	敬 业	诚 信	友 善
注重感性体验,开展热爱国家、热爱家乡的启蒙教育,侧重培养学生对自然、环境的依恋感。	认真上课,按时完成学习任务;做好班级的岗位工作,力所能及地参加社区公益活动等。	说到做到,懂得诚信对人成长的意义;养成不作弊、不说谎、知错就改的习惯等。	对人尊重,文明礼貌;学会与人和睦相处,建立友谊,善于学习他人的长处等。

根据指导丛书上对"爱国、敬业、诚信、友善"小学阶段目标的解读,我们"攻关式研究共同体"核心成员、区域班主任、学科带头人根据不同主题,带领各组成员对主题内容进行了深入的研读与思考,在多次的思维碰撞之后,我们对仁爱教育的总目标有了不同程度的调整与完善,具体表述如下(见表 2 - 15)。

表 2 - 15

亲 爱	大 爱	博 爱
能认识自己,爱自己,并在生活中完善自己;能体谅并主动关心家人,做好力所能及的事情,不给家人添麻烦;学会和伙伴和睦相处,对他人尊重有礼,能换位思考,有同情心,不孤立同学;为人处世真诚,乐于并正确给予他人适当的帮助。	认识国家标志,清晰国家版图,了解中华民族悠久的历史和优良的传统文化,从中激发爱人民、爱家乡、爱祖国的情感,明白幸福的生活是来之不易的,牢固树立中华民族自尊、自信、自强的精神和祖国利益至上的意识。	遵守小学生行为规范,养成文明出行的好习惯,营造良好的生态环境;有爱心、有耐心、有责任心,能用科学方法善待身边的事物;能及时参与公益劳动,愿意为社会上有困难的人献出关爱之心,援助之手。

2. 解读与具化:"亲爱、大爱、博爱"三大维度教育核心目标

我们在社会主义核心价值观教育主要内容的基础上,进一步解读了与此相关的教育文件。例如《上海市学生民族精神教育纲要》《上海市中小学生命教育指导纲要》、中共教育部党组《关于在全国各级各类学校深入开展"爱学习、爱劳动、爱祖国"教育的意见》(教党〔2013〕25 号)、教育部《关于培育和践行社会主义核心价值观 进一步加强中小学德育工作的意见》(教基一〔2014〕4 号)、教育部《关于印发〈完善中华传统文化教育指导纲要〉的通知》(教社科〔2014〕3 号)等。文件中要求的内容都包含在了社会主义核心价值观教育的内容中。于是,将三大主题亲爱、大爱、博爱,通过"1+3"的方式细化成以下的内容(见表 2 - 16)。

表 2-16 明晰"亲爱、大爱、博爱"各主题下 1+3 核心目标

主题			
内容维度	亲 爱	大 爱	博 爱
	亲爱自己	责任担当	爱惜物品
	亲密家人	文化认同	珍爱生命
	友爱伙伴	家国情怀	热爱自然

3. 细化与明晰:"亲爱、大爱、博爱"三大维度教育分目标

总目标的确定,为课题研究组后期各级目标的细化奠定了基础。有了总目标的调整与完善,我们对社会主义核心价值观的教育要求更加铭记于心。但是要能细化清晰二级和三级目标,必须将"亲爱、大爱、博爱"进行主题内容的解析,分解成 1+3+N 的内容维度,从而构建起仁爱主题教育活动的 1+3+N 目标体系。其中一级目标为各主题下三个内容维度的目标,二级目标是小学低、中、高三个学段的年级目标,三级目标是各年段 N 个班级主题活动的具体目标(见表 2-17、2-18、2-19)。

表 2-17 "亲爱"主题的教育目标

内容	一级目标	学段	二级目标
亲爱自己	树立正确的学习态度,专心致力于自己的学业,从刻苦学习中得到快乐。在劳动中知道岗位工作对成长的重要性,学会合作。认识到运动对于健康的重要性,掌握一项运动技能,养成良好的运动习惯。	低年级	1. 专心听讲,学会倾听,坚持阅读,乐于分享。 2. 掌握基本方法做好小岗位,养成热爱劳动的好习惯。 3. 积极运动,体验运动的乐趣,做到安全运动。
		中年级	1. 认真作业,合作探究,善于思考,积极表达。 2. 设立家庭小岗位,坚持劳动,学会使用科学劳动工具。 3. 掌握一项运动技能,做到每天坚持锻炼,提升运动能力。
		高年级	1. 耐心专注,主动思考,攻坚克难,提升学习品质。 2. 参与力所能及的劳动,感受劳动光荣,树立正确劳动观。 3. 科学运动,提升运动素养,养成运动习惯。

续 表

内容	一级目标	学段	二 级 目 标
亲密家人	热爱家人,长幼有序守规矩,学会主动关心家人,体谅父母。在家做好自己力所能及的事情,不给家人添麻烦。与家人意见不合,要暖心沟通,理解包容家人。	低年级	1. 对家人有礼貌,见面主动问好。 2. 自己的事情自己做,家里的事情学着做。 3. 诚实正直,能勇于承认错误并加以改正。
		中年级	1. 自己的荣誉自己争,学会独立完成学业,适时求助。 2. 不轻易承诺,努力践行,做到主动说明,并尽可能弥补。 3. 外出活动注意安全,及时告知家人相关信息,保持联系。
		高年级	1. 学会观察,主动关心,做个知冷知热的小主人。 2. 遇到意见不一,学会冷静处理,寻找契机,智慧表达。 3. 严格要求自己,做到言行一致,具备明理守信的素养。
友爱伙伴	对人尊重,讲文明,懂礼貌;学会与人和睦相处,建立友谊;初步学会与不同能力、性格的伙伴沟通,及时解决问题,进行有效互动。同伴交往平等不歧视,不孤立同学。	低年级	1. 知道什么是"好朋友",喜欢交朋友。 2. 能看到他人的优点,用美的语言表达真诚的欣赏。 3. 了解好好说话是建立友谊的基础,体会友谊的快乐。
		中年级	1. 知道尊重才能建立真正的友谊,学会欣赏他人的长处。 2. 学会以平等的方式交流,养成倾听同伴说话的好习惯。 3. 发生矛盾时,学会运用"有礼让三分"的相处原则。
		高年级	1. 师生交往中合理表达诉求,学会尊重不对付。 2. 异性交往冲突时,能把握尺度,及时解决。 3. 遇到矛盾能提出合理化建议,让彼此收获真正的友谊。

表 2–18 "大爱"主题的教育目标

内容	一级目标	学段	二 级 目 标
责任担当	认真积极参与各类实践活动,具有集体意识,能出谋划策,全心全意完成	低年级	1. 积极参加学校实践活动,体验活动带来的快乐。 2. 在活动中,敢于求助,共同尽力完成相关任务。 3. 与伙伴合作完成任务,分享成功,初步形成责任意识。

续　表

内容	一级目标	学段	二级目标
责任担当	完成相关任务,并能与他人合作,相互支持,养成主动担当的好品质。	中年级	1. 根据主题主动策划活动,并能结合实际,不断完善活动方案。 2. 学会倾听伙伴的建议,并能相互配合,形成集体意识。 3. 把握活动节奏,灵活调整相关内容,更具主动性。
		高年级	1. 根据伙伴不同情况,优化组合,更好地开展实践活动。 2. 充分准备,制定相关表单,为活动创建更好的环境。 3. 分工合作,做好分内事,关心分外事,成事成人。
文化认同	通过中华传统节日,了解中华民族悠久历史及优良传统文化,从中激发学生爱祖国爱人民爱家乡的情感,将中华民族精神根植于内心。	低年级	1. 知道家风家训是中华传统文化之一,学着建立家训。 2. 了解一项家乡的民俗文化,感受传统文化的魅力。 3. 画画、做做,开展优秀传统文化教育,播下爱国种子。
		中年级	1. 制定主题探究活动,提高对中华优秀传统文化的感受力。 2. 多途径了解优秀传统文化的多样性,感悟民族精神。 3. 浸润式开展交流与宣讲,培植爱国心,践行爱国行。
		高年级	1. 审视祖国各地民风民俗,理解中华民族的成长轨迹。 2. 正确认识中华传统文化,去其糟粕,取其精华。 3. 在辨析中传承中华传统美德,继承中华民族人文传统。
家国情怀	知道国家标志,认识版图,热爱祖国大好河山,培养对祖国的依恋感。知道新中国发展史、改革开放史,明白幸福生活是来之不易的,努力为红领巾添光彩。	低年级	1. 认识国家标志、国旗、版图等,产生对祖国亲切感。 2. 了解祖国历史事件,激发对革命先辈的崇敬爱戴之情。 3. 积极参与祭奠活动,衣着整洁端正,激发爱国之情。
		中年级	1. 了解新中国成立的不易,体会革命先辈奋不顾身精神。 2. 参观烈士纪念馆,直观感受革命先辈的家国情怀。 3. 在学习感悟中,引导学生多种方式表达爱国情。
		高年级	1. 通过爱国实践研学活动,进一步感受祖国发展变化。 2. 联系实际感悟幸福生活,深层次的爱国之情。 3. 观察城市发展,引导学生积极进取,树立远大理想。

表 2–19　"博爱"主题的教育目标

内容	一级目标	学段	二级目标
爱惜物品	爱惜个人物品,做到及时归位不破坏;爱护公共设施,合理使用常清洁;学会用好身边资源,变废为宝节约能源。	低年级	1. 不浪费食物,努力做到光盘。 2. 每日检查,保管好自己的学习用品。 3. 正确对待物品,用完物品要及时归位。
		中年级	1. 懂得物品的来之不易,掌握爱护物品的好方法。 2. 不故意破坏公物,发现损坏的公物,及时报备。 3. 主动清洁公物,以便更好地服务于大家。
		高年级	1. 合理使用物品,延长其使用寿命。 2. 科学使用物品,物尽其用,方便大家。 3. 节电节水,变废为宝,发挥物品最大的作用。
珍爱生命	爱护动植物,认识和了解生命的成长规律。爱自己,积极对待生命中的每一件事、每一个人,共同成长,积极面对挫折,展现生命的魅力。	低年级	1. 关心善待身边的小伙伴和家人。 2. 喜欢大自然,不乱扔垃圾,爱护环境。 3. 学会用科学的方法养护动植物,播下爱的种子。
		中年级	1. 正确面对学习上的困难,能够主动寻求帮助。 2. 愿意关心爱护伙伴,体验在与伙伴相处中相互关爱。 3. 主动与父母沟通,正确对待挫折,努力向上。
		高年级	1. 关心残障人士,愿意主动伸出关爱和援助之手。 2. 通过爱心活动,用行动播撒关爱之情,传播正能量。 3. 正确对待网络虚拟世界,健康绿色上网。
热爱自然	在欣赏大自然的美景中,发现自然之美,学会保护自然保护环境,从而养成坚持绿色生活的良好习惯。	低年级	1. 积极做好垃圾分类,知晓保护环境的重要性。 2. 引导学生观察自然,感恩大自然馈赠,感受自然伟大。 3. 积极参加户外活动,感受大自然美好,激发爱自然的情感。
		中年级	1. 知道文明出行的重要性,具有爱护环境人人有责意识。 2. 关心环境问题,践行绿色出行,养成节能好习惯。 3. 通过故事、小实验等,了解自然知识,感受大自然魅力。

内容	一级目标	学段	二 级 目 标
热爱 自然		高年级	1. 利用网络了解大自然的生态系统,提高爱护自然认知。 2. 主题式展开调研汇报,做好爱护环境的宣传推动工作。 3. 互动中深刻认识自然之美,自然之厉,树立环保理念。

以社会主义核心价值观为核心,将仁爱思想作为主题活动的育人目标,为活动注入新时代的教育内涵。"亲爱、大爱、博爱"构建主题教育活动模块,将社会主义核心价值观中的各要点目标具体细化,分年段分层实施。

(三) 小学"仁爱教育"的内容

1. 我和他人的关系

"藏在规矩里的亲爱"主要涉及"我和他人的关系",比如尊重、有礼、同情心、同理心及为他人服务的精神等,见表2-20。它们都是构建互帮互助社会的基础。通过这些品质的培养和实践,我们能够建立起一个更加和谐、友善的社会环境,让每个人都能在相互帮助中不断成长和进步。

表 2-20　藏在规矩里的亲爱

我的亲密家人(家庭关系) 听从建议 VS 坚持己见	我的校园"伙伴"(校园交往) 零点交往 VS 保持距离	我的社会伙伴(社会交往) 主动交往 VS 避免交往
热爱家人(长幼有序守规矩)	同伴交往(平等不歧视)	邻里交往(自觉问好)
承担责任(量力而行能主动)	师生交往(尊重不应付)	社区交友(自主友好)
暖心沟通(理解包容会沟通)	异性交往(有度不越界)	网络交友(自辨自护)

案例

"行有礼　家有爱"序列活动设计说明

上海交通大学附属闵行马桥实验学校　马筱妍

1. 班级事件(现象)分析

小李是一名二年级的男孩,每天放学都是奶奶来接,有一天放学,奶奶比往常晚到了一会儿,小李很生气,等奶奶来了之后,就冲着奶奶抱怨道:"你怎么才来啊?哼! 我书包背得都重死了,你快点帮我拿!"

调查发现,班级部分孩子在家像一个小皇帝,指使爷爷奶奶做事;家里人生病了不主动关心;有好吃的好玩的只顾自己,不愿意分享……

2. 序列活动设计说明

活动从尊祖辈、敬父母和爱弟妹三方面剖析学生行为表现背后的本质原因,见图 2-19。引导学生以尊重为基础,学会理解、体谅和包容,并通过有效的沟通理解,形成"孝""悌""礼""智"等正向价值观。

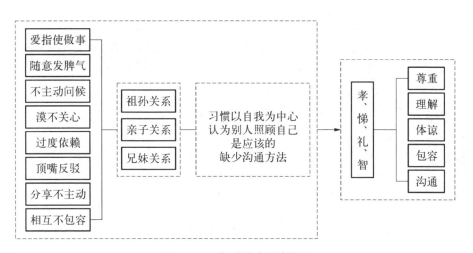

图 2-19　序列活动设计说明

2. 我和社会的关系

"藏在红色里的大爱"主要是指"我和社会的关系",见表 2-21。对事业、对国家、对民族的热爱是个人成长、社会进步、国家繁荣、民族复兴的重要基石。它

们相互支撑、相互促进,共同构成了个人和社会发展的强大动力,也是仁爱思想中大爱的体现。

表 2 - 21　藏在红色里的大爱

责任承担 个人意识 VS 集体意识	文化认同 传统 VS 创新	家国情怀 个人发展 VS 国家需求
岗位承担(主动尽责)	家风家训(知道并遵守)	国家标志(国家认同)
活动参与(深度浸润)	民风民俗(理解和辨析)	革命精神(家国情怀)
文化建设(积极创新)	文化承创(承袭与创新)	城市发展(强国有我)

"红娃爱国旗"主题序列活动内容

上海市闵行区北桥中心小学　李嘉怡

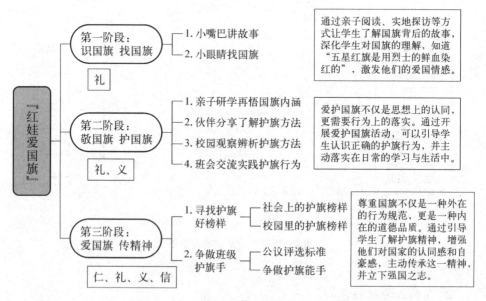

图 2 - 20　"红娃爱国旗"主题序列活动内容

3.我和自然的关系

"藏在生命里的博爱"主要包含"我和自然的关系",见表2-22。对生命、人类、自然的博爱,是一种超越个体界限,涵盖所有存在物的广泛而深刻的情感与态度。这种博爱不仅体现了对个体生命的珍视,更展现了对人类整体命运及自然界万物和谐共生的深切关怀。

表2-22　藏在生命里的博爱

爱物 找回 VS 换新	爱生命 放弃 VS 坚持	爱自然 便捷生活 VS 生态环保
爱惜个人物品(及时归位不破坏)	爱动植物(认识生命知规律)	欣赏自然(发现自然之美)
爱护公共设施(合理使用常清洁)	爱自己(珍惜生命展魅力)	保护自然(学会保护环境)
用好身边资源(变废为宝节能源)	爱他人(尊重生命会共赢)	生态环保(坚持绿色生活)

案 例

"小格子大收获"主题班会设计

上海华东师范大学附属紫竹小学　李贝贝

环节一：生命多样有活力

1.刚才的视频中,你对生命有了哪些感受? 打开"三个助手"学件,用一个词记录下来。

2.出示词云图,讨论交流。

总结:生命是精彩的、有活力的,生命向上成长的力量可真了不起! 刚才的讨论中,我们也发现了生命无所不在。

环节二：生命精彩"慧"选择

1.出示图片,感受校园生命之美

师:让我们走进咱们学校的"半寸格子"小菜园看看吧! 经过几个月的生长,这里的蔬菜长势怎么样? 美不美?

2.养护分享,感受蔬菜养护快乐

咱们的蔬菜长得好,可离不开每天的养护小队。请养护小队说说看,大家是怎么养护植物的。

3. 出示数据,分析现象

(1) 这是养护小队的观察记录表,大家看看这张表,有什么发现吗?

(2) 再看看其他班级的番茄,大家心里着急吗? 有什么办法?

(3) 学生在学件中输入观点,并交流。

师:看来,大家有各种各样的想法,那这棵小番茄,是拔掉它还是再等一等呢? 打开学件,选一选。

4. 比对观点,组织讨论

(1) 看看数据,有什么发现吗?

(2) 选择拔掉的同学,是怎么想的? 大家不选择直接拔掉的原因是什么呢?

(3) 我看很多同学都选择等一等,能不能结合自己成长的经历或者自己的生活经验,说说原因呢?

(4) 等一等的过程中,我们可以做什么呢?

组长组织大家讨论一下,看看小伙伴们有什么智慧碰撞吧!

5. 分享观点,感受生命的多样、独特、不可逆

小结:生命有自己的节奏和节律,我们要学会欣赏每个阶段、每种生命的美,再多些耐心,再多给它一点时间。

6. 小结:为了让生命更加精彩,我们都要学会选择,不同的选择,就会有不一样的生命的样子。

环节三:乐享生命悟真谛

1. 在陪伴种子成长的过程中,说说看你在这段时间有什么收获。

2. 学生在卡片上写下自己的收获。

3. 总结:在今天的分享中,大家对生命有了新的感悟,就让我们像这棵小番茄一样顽强生长,享受幸福美好的生命时光吧!

实践篇

3

培育生命里的"仁爱品格"

（一）启有方：把握关键 正向引领

在仁爱思想的扎根教育中要抓住学生年段发展的关键期：低年段是小学生活的适应期，中年段是人际交往的发展期，高年段是价值观初步形成期。在这三个阶段都要抓住关键事，用好关键人，通过系列活动在协同育人中落实三全育人，引领学生成长。

1. 凝心有术：营建小家适应新姿态

温馨的班级氛围是促进学生个性全面、和谐发展的重要条件。在这个集体中，每个学生都有机会展现自己的特长和能力。学生在提高自身学习、组织、交往和表达能力的同时，生发个性，全面发展。帮助低年级学生适应学校生活是班主任建班的首要工作。我们发现能促进学生快速适应学校生活的关键人是学生，其次是家长和老师。因此，我们通过活动激发学生小主人意识，共同创建一个有序有爱的小社会，让他们学会有序学习与生活，有爱交往与互助，为将来适应社会迈出坚实的一步。

带你看研讨

第一幕 "三 Jing"仪式 为适应小学生活奠基

又一个 9 月来临了，一年级的新生将在一个新的集体中相遇、相知，开启一起学习一起生活的新征程。面对着一群小可爱，教一年级的班主任们行动起来了，他们商量着要给孩子们一个具有仪式感的开学仪式。

地点： 一年级开学前研讨现场

出示两张图片,见图3-1。

图3-1　一年级开学前研讨现场

师1: 这些教室布置得可真漂亮!小伙伴们,你们喜欢哪个教室的装扮?

师2: 我喜欢第一个,你看,七彩的气球、齐整的板报、温馨的小礼物,孩子们肯定喜欢。

主持人: 为了迎接小可爱们,班主任可真是用心!

师3: 两个教室我都喜欢,都齐整干净,很温馨的!

师4: 是呀,开学的仪式感一下子都冒出来啦!不过,我更喜欢第二个!第一个教室虽然漂亮,但教室是小朋友学习的场所,低年级的孩子专注时间本来就比较短,过多的装饰不利于专注力的培养。而且,家长和教师的痕迹太浓了!

师5: 我也喜欢第二个教室,有孩子的味道!我想真正的仪式感是孩子在布置教室的这一天,是与其他的日子不同的。

主持人: 刚才蒋老师的想法,我赞同!《小王子》里说:仪式感就是使某一天与其他日子不同,我认为,教育中的仪式感是孩子成长中的发光魔法。

面对一年级小学生,我们如何用正确的方式打开开学仪式呢?

师6: 一年级孩子小,又是家中的二宝,遇到开学布置教室,爸爸妈妈们总是抢着做。

师1: 小孩做小事,大人做大事!我认为家校协同不是家长和老师的替代,而是家长和学校要助力孩子的成长!

师2: 没错,我们要遵循孩子的年龄特征和成长规律,引导学生做力所能及的事情。哪怕在过程中遭遇挫折,遭遇困难,也是孩子成长经历中的宝贵财富!所以爸爸妈妈们需要做的是指导和帮助他们,放手让孩子用自己的力量学会长大!

主持人：家长是协同育人的一方，应当指导和引导孩子：自己的事情自己做，不会的事情学着做，班级的事情一起做。所以，开学前家访工作十分重要，班主任要了解孩子的特点和需求，指导学生做好开学准备，还应与家长进行有效沟通，"给孩子一个真正有意义的开学礼"！

师 3：嗯嗯，正因为孩子们不会，所以我们才要给予孩子成长的时间和空间！在暑期的家访过程中，教师要主动指导学生在家中认领劳动小岗位，跟爸爸妈妈学习怎样擦桌子，怎样扫地……掌握一些基本的劳动技能，开学后他们就能自己打扫教室了。

师 4：是的，我就是这样做的。开学前几天，我邀请了住在学校附近的家长志愿者带着孩子来学校布置教室。走进教室后，我先带着孩子们熟悉了教室各个区域的主要功能，请他们寻找自己能打扫的部分。孩子们很快就发现扫地、擦桌子都是自己能做的事情。但他们个子小，没办法擦窗户，而且也比较危险，就只能请爸爸妈妈们帮忙了……

主持人：嗯嗯，涉及安全问题的，我们就需要爸爸妈妈的援助啦！想得很周全！

师 5：在家访前几天，我电话提醒小朋友们认真创作一份作品，告诉他们将会张贴在"小家"，在电话的那一头，我明显感受到了孩子们的激动！

师 6：为了让孩子们尽快认识小伙伴，我在家访时为每个孩子准备了一份小礼物——一张 A4 纸，布置了亲子任务——和爸爸妈妈一起制作姓名牌。

师 1：我在家访时给孩子们带去了一份温馨提示：开学第一天穿好校服，备齐所有的学习用品，开开心心迎接开学！开学前的晚上，在群里再次提醒！

我们的思考：

一个开学仪式让我们有了专业的思考，收获了成长！真正具有育人价值的仪式感需要家长、老师、孩子三方共同营造。我们要建立和谐的家校关系，家校携手用窗明几净的教室、干净齐整的形象、气和心静的状态开启小学崭新的生活。

第二幕 "三有"制度 为适应小学生活护航

爱跑爱跳是孩子的天性，一到下课，孩子们就开始活跃起来。课间十分钟，我们该如何指导学生安全有序快乐地度过？一年级的班主任们就这个问题展开了讨论。

地点：晚上 8 点，"有德"班主任种子基地微信群研讨现场

播放一段录音：

A：唉，最近就一个字——"累"，孩子的精力实在太旺盛了，一下课就在教室里追逐嬉戏，总是把课桌撞歪，桌上的学习用品都掉了一地！

B：是啊，真想让他们安静下来！讲过很多遍，不能在教室里乱跑，可总不奏效！况且，上课铃一响，不是这个提出要上厕所，就是那个说想喝水，还有说要去书包柜里拿课本的……

C：嗯嗯，除了这些，我还有犯愁的事情，他们总是丢三落四，带不齐上学需要的物品！门卫叔叔总来班级送东西，哎——

主持人：小伙伴们，其实这些问题在我们的建班初期都是比较常见的。我们往往会制定一些制度，用规则来规范行为。大家都是怎么制定班级制度的？是老师定还是由孩子定？

师 1：我先来说说我的想法，班级制度应该由孩子自己来定。有段时间，我们班级也经常出现课间奔跑吵闹的现象。每当这时，有些孩子还会不自觉地捂住自己的耳朵。我当时就拍下了照片，让孩子们看着照片寻找问题。

师 2：我们可以让打闹的学生聊聊为什么要奔跑，让其他学生说说看到同学奔跑吵闹有什么感受。孩子们很快就能意识到课间休息要文明，然后再共同制定规则。

师 3：我们的规则要尽可能简单一点才能记住。对了，我们是不是还可以设立相关的小岗位？在相互提醒中共同遵守约定。

主持人：没错，孩子自己制定的规则更容易被接受，也更容易遵守。创设情境，让孩子们自己发现问题，反思行为，制定规则，遵守规则是最好的建班方法。

师 4：爱奔爱跑是小孩子的天性，但课间奔跑会带来很多安全隐患，那该怎么办呢？到底是圈养？还是放养？

师 1：课间只有 10 分钟，还要为下节课做准备。建议学生可以在午间去操场走走或课后看护时去操场上蹦一蹦，跑一跑，尽情释放天性。

师 2：课间我们可以组织学生做个小游戏，能适当动一动，还能拉近和伙伴们之间的距离呢！午间也可以让小朋友去操场上小放松，放学后让他们感受小快乐。

主持人：对呀，我们要尊重孩子的成长规律，尊重孩子的成长需求，根据不同的情境展开不同的教育方式，真正做到"行有规"。

师3：制度建立后,怎么落实也很重要。不少学生会在上课铃响后才想到要上厕所、喝水,如何引导学生做好课间准备,也是需要动一番脑筋的。

师4：课间小贴士是一个不错的办法,大家可以试试！如上厕所、喝水、准备学习用品等,然后在每张桌角上贴上这样一份小贴士,很有效。

师5：任课老师也可以在下课前提醒学生按照"课间小贴士"做好准备。

师6：同桌之间也可以相互提醒将小贴士记在心间,养成下课后有序准备的好习惯！

主持人：好习惯的形成需要班主任及学科老师的持续引导,也可以发挥同伴互助的力量,相互提醒,相互督促,让学生真正做到"做有时"。

师1：在制度落实的过程中,家校协同也非常重要。微课的推送也是比较好的方法,让教育有边界。我们在午会课上通过此微课指导学生整理书包,并在家长群同步推送相关指导视频,共同指导孩子提高整理能力。家长看到了孩子的进步,会更加重视孩子整理能力的培养。

师2：学生自拍的视频,发挥了榜样示范的作用。我在指导学生整理笔袋时,也展示了部分学生的笔袋,让大家一起寻找他们的共同点：分门别类、有序摆放,是整理的法宝。

师3：无论什么样的活动,都要有相应的评价。我们还可以开展系列比赛,助推学生整理能力提升,养成整理的好习惯,做到"物有位"。

我们的思考：

有序的小家生活需要学生、老师和家长的共同努力。"有指导,有训练,有评价",但教育是有边界的,学校和家庭各司其职,共同指导孩子们养成有序的学习生活方式。

第三幕 "三心"行动 为适应小学生活赋智

教育是一门"仁而爱人"的事业,有爱才会让小家的成员有归属感。那么,作为班主任的我们该如何有效引导学生去乐于助人,正确爱人,建立"有爱"的价值观呢？

地点： 主题班会研讨现场

情境演绎教学片段：帮还是不帮？

一、故事演绎：《我有办法?!》

语文课上,孩子们都在练习写字。

小明：老师，我没带橡皮。

老师：你这个小马虎，向旁边同学借一借。

小明：他们都不愿意借给我。

学生七嘴八舌：

生1：我不想借。他已经好几次不带了！

生2：我也不想借。上次我借给他的橡皮，都被他弄丢了。

生3：不借，谁让他不带橡皮，自己的责任自己承担！

正当大家议论纷纷时，小明突然说：不借就不借，我有办法！说完他低下头，舔了舔右手食指，毫不在意地想要去擦写错的地方。

师：小明，不行，不卫生！谁能借给他橡皮？

生4：那我来借给他，让他先写完作业……

二、问题透视

面对这样的情况，我们该如何引导孩子们去帮助自己的伙伴，建立正确的价值观？语文课上，只有一名同学肯借橡皮给小明，解他的燃眉之急，但似乎总感觉有什么问题。我想孩子们还没有真正理解什么是帮助。

作为教师，我们需要引导学生，树立正确友善的价值观。于是，在主题班会课上，孩子们在老师的引导下各抒己见，思维的碰撞让孩子们对帮助这件事有了深刻的理解。

三、集体教育

师：小明经常不带橡皮，我们该不该借他？说说你的理由。

生1：不要借他橡皮，给他个教训，让他长长记性！

生2：不借他，他是老毛病了！我们一直借他借他，他永远也改不掉的。

生3：我也觉得不应借给他橡皮，这样会让他养成坏习惯，长大后也会丢三落四的。万一工作上也这样，会被公司开除的。

师：小问题不改会酿成大问题。老师也很担心的！那小明用唾沫擦错字的办法好不好呢？

生4：他用唾沫去擦，很不卫生，对健康有影响！但这样的话他的作业怎么办啊？我有时候也会忘记带的。那个时候我也很着急的！天天就借给我，我很感激。后来，他还打电话提醒我带好东西。我和他现在都成为好朋友了！

师：天天小朋友有一颗宽容的心，不仅解了你的燃眉之急，还提醒你要带好东西！现在的你应该不会再遗忘了吧！

生5：我觉得该帮,这样会意外收获友谊。

生6：哦哦,老师! 我知道了,当别人有困难的时候,我们就要帮助他。同时,也要帮助他改掉坏习惯。共同进步!

师：你们都是有爱的小伙伴! 面对他人的缺点能宽容,能真诚地帮助别人,你们真了不起!

四、现场研讨

主持人：主题班会上,班主任支架式的提问引导学生的思维走向深入。稚嫩的言语也让我们看到孩子们学会了思考,学会了思辨,友善的种子在孩子们心田扎根! 一个有爱的小家初步形成! 曾老师的这节主题班会课肯定给了我们很多的启示! 我们来聊一聊!

师1："借橡皮事件"让曾老师捕捉到了教育的契机,我觉得班主任要有一双慧眼,能够从事情的表象看到问题的本质,从而有效地建班育人。

师2：是的,当问题出现时,我们先要妥善处理当下的事情。随后,我们要透过现象看本质,有组织、有计划地引导学生"帮助同学"不仅要帮助其解决当下的问题,更应分享方法和经验,帮他补上短板。

师3：曾老师通过主题班会引导全班同学用正确的方法帮助小明,解决了班级的共性问题。但是面对故事的主人公小明,我们是不是也应该有个别化的引导和教育呢?

主持人：这个建议非常好,确实在进行集体教育的同时,也别忽略了个别教育,关于这点,大家有什么想法?

师4：我认为可先引导小明感受班级同学对他的帮助和包容,也要让他意识到别人的帮助是一种友善,但不是义务。

师5：对的,应该要让小明意识到自身存在的问题,并愿意想办法主动去改正。

我们的思考：

在日常的教育中,类似这样的情境还有很多。我们要不断引导学生友善对待他人,宽容对待别人的小失误,真诚助人。助人之心、宽容之心、仁爱之心的分层培育让孩子们成长为更好的自己。有爱的教育成就"有爱"的学生。

一年级是小学生活的开始,对孩子们来说是一个全新的阶段,一个"有形、有序、有爱"的小家能成为学生健康成长的奠基石! 让我们携手努力,用"三 jing 仪式"来奠基,以"三有制度"来护航,通过"三心行动"为孩子适应小学生活赋智、赋能、赋效! 共同营造小家适应新姿态。

2.聚力有法：创建交往指导新样态

小学生交往对象主要有家人、教师和同伴等。到了中年级段，随着他们独立性不断增长，他们与家人、教师的关系从依赖开始走向自主。加上信息时代媒体的影响，一些不正确的交往理念和方式，导致学生出现交往的问题并伴随着出现同伴交往危机，会造成部分孩子脱离群体，变得孤僻、冷漠、抑郁，甚至严重影响心理健康，亟须班主任引导。但每个学生的家庭背景不同、个性有差异，造成交往的问题是各不相同的。班主任需要通过协同各方教育力量，创设多样化的育人环境，携手解决学生的不同问题。我们捕捉到学生交往中的关键事，分析产生问题的不同原因，协同能促进交往的关键人，引领学生主动交往，健康交往。

故事一：家长，我的同盟军

讲述人：上海师范大学附属闵行第三小学　朱晓辉

刚接班不久，我发现班级学生同伴之间矛盾冲突大，都互不相让，甚至为一点小事大打出手。通过调查，我发现根本原因在于家长。大部分家长认为，在学校学习才是第一位，忽视了孩子的人际交往，一旦出现问题就会将问题归咎到别的孩子身上。有的家长无形中还有不恰当引导，当孩子与同伴交往发生问题时，家长就会说："我们家孩子在家里很乖的！"有的家长经常会问孩子："你今天在学校里有没有受到同学欺负？"这让孩子变得更加敏感，从而导致同伴关系更为紧张。

家庭是人生的第一所学校，父母对孩子的教养方式和教育态度会影响学生的交往发展。面对问题，我想第一步应该让家长发现孩子在同伴交往中存在的问题，认识同伴交往的重要性，愿意成为我的同盟军。

学校有一个为期一学期的"未来杯篮球联赛"，我组织招募队员并邀请家长参与周末训练，家长非常感兴趣。到了周末，很多家长都赶到篮球场，兴致勃勃观看比赛。现场，我发给家长一张观摩单，要求家长观察自己孩子在训练中的面部表情、肢体动作、语言表达、活动参与度，解决冲突，并做记录。果不其然，训练场上，孩子们不断发生问题，因为接不到球而与队友争吵，或因训练中的肢体接触而生气，等等。家长们一边记录，一边对比分析孩子和其他学生的行为，越来越焦急。活动结束后，我组织家长交流活动中所观察到的内容，很多家长讲述了自己孩子在发生冲突时的不足并反思了其中的原因。比如不能及时道歉,不懂得主动谦让,盯着别人的缺点不放过,等等。家长们都一致羡慕遇到冲突后能及时化解矛盾的小张同学。小张妈妈也主动分享培养孩子交往能力的故事。我也与家长们一起分析学生交往能力不足背后的原因,一起制订指导学生的行动计划。

这场周末训练让家长们发生了很大的变化,在后续的一系列体育比赛,如亲子篮球赛、真人 CS 团体赛等,家长们都积极参与,在比赛过程中,也都有意识地对孩子进行交往方法的指导,学生的交往能力不断提升。

我们的思考:

协同育人最重要的是双方育人目标的一致性,朱晓辉老师邀请家长参与团体活动,并设计了相关的观察表单,有意识地让家长主动发现学生交往问题,是非常智慧的。在建班育人过程中,我们要让家长成为协同者,一定要让家长自己发现孩子的不足,在反思自身行为中认识到培养孩子交往能力的重要性,最终就育人目标达成一致。

故事二:小男孩的小心思

讲述人:上海市闵行区实验小学　孙青阁

午间大扫除时,学生玲玲的笔袋不见了。我先是在班级询问,再是仔细寻找,最后终于在教室外一个隐蔽的角落里,找到了那个笔袋。随后,我把笔袋亮给学生看,故意看他们的表现,并据此做出初步判断,之后又给那个"小调皮"一个自我承认的机会:让每一个孩子在一模一样的纸条上写下自己是否知情,最后,那个人出现了,居然是勤劳踏实的劳动委员——小楠。我心里很疑惑,为什么小楠会去"藏"同学的笔袋呢?

孩子在成长的过程中,犯错是常有的事,我们要做学生的良师益友,少一些抱怨、责怪,多一些理解、帮助,在信任的基础上静静等待,给他们一个自省自悟的机会和充分成长的空间。

于是,我和小楠同学进行了交流。"楠楠,你真是个诚实的孩子,老师要表扬你。但是老师很好奇,你为什么要把玲玲的笔袋藏起来呢?"

"我看优优就是这样的,她上次把红红的尺子藏起来了,后来帮她找到了,红红可感谢他了,现在他们就成了好朋友。我也想和玲玲交朋友,所以……"

原来这是一起刻意制造的丢失事件,小男生的小心思让我哭笑不得。楠楠走后,我不由得想起班级最近发生的几件事:故意拉别人的头发、故意追着同学跑、故意惹别人着急……于是,我主动去观察孩子们的相处,发现他们其实乐于交朋友,只是缺少交友的正确方法,看来,玲玲和小楠的事情只是冰山一角。

我隐去小楠的名字,以"笔袋事件"为话题召开了班会。先请玲玲讲讲笔袋丢失的原因,以及丢失后自己的心情。孩子们从玲玲身上体会到不恰当的交往方式不仅会给人带去伤害,还会造成同伴间的不信任,导致关系破裂。我乘机提出了问题:"那如果你想跟别人交朋友,可以怎么做?"孩子们纷纷用自己的经验出主意:勇敢地表达、和他一起做游戏、对方难过的时候主动去安慰、当他有困难的时候主动帮助……

于是我们带着这些"蜜"方,开展了小蜜蜂班级"温馨蜜友周"活动:你想和谁交朋友,就连续五天为 TA 送上温暖的"秘密行动",收到秘密行动的孩子则去寻找"神秘人"。在这样有趣的一来一往中,孩子们开始学着用正向、积极的方式对待同伴。

我们的思考:

四年级学生开始关注同龄人的观点、看法和意见,喜欢与同龄人交流和分享经验。对四年级学生来说,同伴教育往往是最有效的。因此,我依据学生的年段特点和已有的生活体验,设计了倾听同伴的内心、讨论正确交友的方法,开展交友活动等一系列活动,引导学生模仿同伴的方法进行交往,在获得同伴积极评价的基础上,不断优化自己的交往行为。

孙老师用爱意呵护学生的自尊,针对学生问题和年段需求,发挥了班主任和学生协同育人的作用。班主任要精准解读学生交往的问题,并基于年段需求,合理选择协同育人者——同伴。

故事三:多主体协同　助力学生成长
讲述人:上海市闵行区田园外语实验小学　吴丽瑶

去年9月,我们班转入了一位新同学——小渊。来校一天后,他就开始请假,后来以各种理由不想来上学。从小渊父母那里得知,小渊不敢上学,是因为害怕和同伴交往,父母为了改变他,已经换了好几所学校了。没想到转入我们学校后,还是如此,父母打算放弃他了。逃避现实的教育不是真教育,教师的使命就是不放弃任何一个学生。

首先,我让家长鼓励小渊上学。接着,采用和孙老师相同的方法,也是借助同伴力量影响小渊。从家访中,我得知小渊酷爱足球。我即刻与班级校足球社团的学生沟通,让他们经常在课间讲一讲足球训练时的趣事,踢足球的技巧。一开始,小渊只是静静地趴着听,慢慢地坐在位置上听,但从来不说话。我和体育老师说明了小渊的情况,希望他助力打开小渊的心扉。那天大课间时,赵老师带着足球来到我们班级,展示了他那酷炫的足球技能,小渊十分羡慕。在赵老师的盛情邀请下,小渊加入了校足球队。但面对足球队小同伴的热情,他还是表现得很冷漠。我和赵老师商量后,决定带着孩子们共同观看电影《夺冠》。回家路上,我和他聊起"团结协作,永不言弃"的女排精神,引导小渊理解体育比赛中人与人的互相交流和协助的重要,小渊听完后若有所思,开始微笑回应同伴们。接着,我因势利导,引导他顺利融入集体。5月,校足球嘉年华活动又开启了,在我和赵老师的鼓励下,小渊也参赛了。那天我们班和四(1)班打冠亚军决赛时,双方实力相当,最后以点球论胜负,比赛进入胶着阶段。为鼓舞士气,他竟主动和队员们抱在一起,还安慰哭着的女生们:没关系,我们会全力以赴的。我们班最终夺得了"两校区总冠军"。这一次的比赛经历,使他终于与同学们融为一体。从此,可以看到他和同学们打成一片的身影。

我们的思考:

面对小渊的逃离、小渊父母的放弃,吴老师坚持承担起教师的责任,根据小渊的问题、年段特点和个性特长,选择协同育人的成员,创设了一种多主体协同育人的良好生态,合理发挥每一个成员的优势,建立起目标一致、合作互补的协同育人团队,让所有人、所有事都汇集成暖流,温暖转变小渊。在教育中,我们的老师努力探索协同育人的新方法,努力让双方目标达成一致。比如针对家长运用"现场体验,反思感知"的方法,促进家长教育思维的改变;针对学科教师,运用"问题求助,资源征集"的方法,激发学科教师协同育人的积极性。协同育人除了强调教育目标的一致性,还需要班主任根据学生问题和特长等,合理选择与匹配协同育人的成员。

带你听故事

故事四:以书交友

讲述人:上海市闵行区七宝镇明强小学   沈　妮
上海市闵行区民办塘湾小学   胡兴存

我们没有专门设计交往活动,而是开发学校资源和社会资源,在校园活动中渗透交往的指导,从学生发展需求的角度开展更为系统的、指向提升学生人际交往能力的发展性指导。

人际交往是小学生最重要的社会技能之一,是儿童社会化的动因,因此,我根据学生年段特点,在不同的活动中都有意识地渗透对全体学生的交往指导。比如每年学校都有读书节,我开展了既培养学生阅读兴趣和能力,又能指导他们交往能力的"伴书房"系列活动。低年级的读书节活动中,我推荐同学们阅读同伴交往绘本,引导学生从绘本阅读的心得中汲取同伴交往的方法,如积极倾听、尊重对方意见。中年级是"小组结伴阅读",小组合作阅读一本书,学会和班级同伴交往。高年级是"学长伴读",学生到一年级进行伴读活动,学会和低龄同伴交往。在活动中学生也学会了和弟弟妹妹交往的方法:蹲下来拉近彼此的距离、用心倾听、换位思考等。

通过伴书房系列活动,让学生学会了多维度与同伴交往的方式,如个体交往、群体交往和跨年段交往,在不同的交往圈中逐步形成一个互相沟通、互相支持、互相谦让、互相帮助的"和美"交往氛围。

胡老师也是借助读书节活动,打造了一个又一个交往圈,潜移默化地进行交往指导。以下是胡老师的讲述。我是随迁子女学校的一名班主任,大部分家长工作忙,陪伴少,沟通也少。可随着孩子年龄的增长,他们渴望与同伴交往,很多孩子喜欢网络交友。

针对孩子网上交友的需求,我结合学校读书节,联系了江西省上饶市新篁学校,设计了读书漂流结对活动,让他们了解山沟沟里的留守儿童,并学会和他们交往。孩子们制作了一张张交友名片并附上了自己最喜欢的一本书,对方则根据交友名片上的信息,选择自己想要交的朋友,有的是兴趣爱好相同,有的是个性互补,有的是个性相同……就这样,他们开始互相通信,分享读书心得、成长故事……在你来我往的过程中,他们学会了互相接纳、互相欣赏、互相鼓励,感受到交往的乐趣。

我们的思考:

在研究中,我们发现一个现象,对于交往指导,很多班主任还是仅仅停留在问题解决式的指导,忽视了对学生交往的发展性指导。每一个群体性的活动都会内含人和人之间的互相交往。因此,班主任可以面向全体学生进行发展性人际交往的指导,在开展的不同类活动中,有意识地渗透交往的方法,潜移默化培养孩子交往的品质。

习近平总书记指出,教育是一门"仁而爱人"的事业,有爱才有责任。面对学生出现的交往问题,我们每一个教师都勇于承担起自己的责任和使命,选择、组织和协调多方教育力量,形成以班主任为核心,目标一致的多主体育人团队。我们尊重差异,发挥不同协同者的优势,分工合作,有效衔接,运用多形式、多方位的协同育人策略指导学生交往。我们进行面向全体学生的发展性人际交往指导,担起学生健康成长的指导者和引路人,以最美的姿态学做快乐的人师。

3.赋能有道:构建活动育人新生态

小学高年级正是学生价值观的初步形成期,需要教师努力提高育人的责任感,培养小学生的价值判断、价值选择意识。活动是学校开展教育教学的重要形式,也是学生思想品德形成与发展的重要途径。班级活动是班主任建班育人的重要途径,是激励学生全面发展的有效方式。然而,有些活动因内容枯燥、形式呆板、缺乏体验感,导致学生参与的兴致不高,活动流于形式,教育实效不足。我们面对的是即将毕业的五年级学生,他们的知识储备达到一定程度,独立及自我意识更加强烈,是价值观形成的重要时期。怎样才能提升活动育人的实效,引导学生成为有理想有担当有本领的新时代社会主义接班人,非常值得我们研究和探索。

带你探活动

让爱国主义教育"活"起来

爱国是永恒的主题,爱国主义教育也是德育的重要内容。师生的全身心投入为爱国主义教育活动注入活力,因此,我们融合各类教育资源,创设多维的情境体验,针对学生需求开展精准的指导,激活学生成长的内驱力。

一谈到爱国主义活动,学生脱口而出的是与国旗合影、出小报、看红色电影······对于高年级学生,这些活动仿佛是为了完成老师布置的任务,教育实效不高。高年段学生对爱国有一定的理解,也有爱国行动,但缺乏内在动力,不能持续坚持自己的爱国行为,活动推进难度大。爱国主义教育之所以有难度,是因为很多老师不会设计和指导。我们应该带着做研究的思维、视野、方法,提升自身学习力,潜心开展活动研究,灵活运用教育策略,让爱国主义教育"活"起来。

一、资源融合化,课程活起来

开展"中国航天日"活动,抓住"神舟十六号发射成功"的时政热点,紧扣四年级语文课文《千年梦圆在今朝》中的航天故事,结合短视频、纪录片等多媒体,将课程资源与社会资源统整,带着学生初步了解中国航天史,激发他们对航天发展的求知欲。

让学生带着问题走进航天科普类场馆,观看航天科技成果,赞叹这些伟大成就背后的航天人,他们自主阅读《中国航天人的故事》等人物传记和影视片,探索航天发展,逐步组建手牵手宣讲团队,传承科学求实、勇于攀登、为国争光的航天精神,从小树立远大理想,争做新时代好少年。

我们要把多学科、社会资源、实践活动等有机融合,扩宽活动的广度,不断生成新资源,形成活动课程,推动学生的认知、体验、感悟螺旋式上升,使得课程资源活起来。

二、方式情境化,体验活起来

情境式的活动更加吸引学生。我们将爱国主义教育的方式情境化,丰富学生体验,不断激活学生参与活动的热情。

我们可以用张乐平笔下的"三毛"漫画人物,拉近学生与年代的距离,点燃他们参与活动的热情,让"三毛"作为开启活动的领路人,带动学生积极投身活动中。我们还可以利用学生喜爱的游戏形式,自制飞行棋游戏,模仿"三毛"演绎小报童的一天。在"传递信息"任务时,在面对伙伴误解、特务围捕的各种困难中,体会机智、勇敢的小报童如何在工作中化险为夷,完成任务。学生意识到和他们年龄相仿的报童,为了上海的解放,不计较个人得失,勇于奉献的精神,真是了不起! 同时,也感受到爱国主义教育活动的意义和魅力。

运用情境创造性地把儿童的情感活动和教育的认知活动结合起来,加深体验与感悟,使得爱国主义教育内化于心、外化于行。

三、指导精准化,精神活起来

面对活动中的生成资源,教师应该有精准的判断与分析,并做出回应与指导。

在观看电影《永不消逝的电波》时,学生认识了李白,在听说李白家书作为文物被收藏在中共一大会址时,他们期待看到这些神秘的家书。在班会课上,当学生见到实物时,不少学生产生这样的疑惑:李白是伟大的人,怎么这家书和普通人写的差不多呀! 由此可见,学生不理解真正的伟大往往蕴含在平凡之中。老师引导学生做了以下思辨:家书有何不同? 李白向往怎样的生活? 为何要留下这样的家书? 家书中有哪些"伟大"?

教师敏锐地发现学生的思维冲突,设计了层层递进的资源链、问题链、任务链,以此回应并激发学生深层次的思辨,感悟伟大出自平凡,平凡造就伟大。感悟革命的胜利是源于一个个普通人对理想信念的坚贞不渝,爱国精神能让平凡造就伟大。

我们的思考:

学生正确价值观的形成是一个复杂、渐进的过程,它既需要基础的认知,也需要实践中的体验,更需要在思维的碰撞中,形成深刻的感悟,最终达到践行爱国行为,传承爱国精神的教育目的。由此,和谐正气的班级文化就在这样一次又一次的活动浸润中深耕于学生内心,在此影响下,他们坚定理想信念、不懈奋斗、脚踏实地把每件平凡的事做好。

多形式、全方位、序列化的活动,促使学生不断深化经验与体验,增强国家意识,形成坚定的国家观念,这样,学生的道德认知和道德情感就会在潜移默化中发展。

融合与共生:家校社的协同之力

班级活动应以学生成长为导向,活动的推进是依据学生的成长变化而动态完善的过程,班主任要善于发现学生的真问题,融合家校社之力,引导学生自主解决问题,深挖活动的教育意义,增强学生的社会责任感。

教育最美好的状态是以学生为主体,家庭生活通达和谐,班级生活民主自由,社区资源共通互融,校家社协同共进,满足个体独立而完整的发展需要,并能探寻生命的意义。

活动推进的过程中,理想中的校家社协同共进,无法呈现预想中的理想状态。以学校一年一度的"山区助贫"活动为例,孩子们参加活动的积极性很高,纷纷表示愿意为山区的孩子们奉献自己的一份爱心。有部分家长反映学生回家要求父母捐款,同学之间盲目攀比捐款数量。家长们不禁质疑这样的捐款是否有意义。助贫活动中,我们该如何从学生立场设计活动,为之创设实践的机会,让学生能尽自己的努力去帮助他人呢?

家校社协同不是形式上的到场,而是实质上的到位。家校社三位一体,形成"自助"资源库,构建家校社协同育人的新样态。唯有这样的教育才能真正助力学生成长,让他们在活动中有所收获。

一、思自身之力

具体的活动设置中,我们应该为学生创设情境,鼓励学生反思自我,明晰捐款的真实意义。最好的慈善是助人自立。我们可以把问题放给孩子们,让他们想一想怎样靠自己的力量筹集善款,是否可以设计一个属于自己的爱心义卖活动?我们努力引导学生用自己的力量去尝试,鼓励学生发挥自己的特长,有效运用身边的资源。靠自己的努力筹集善款,是学生参与助贫活动的意义所在。

二、践自身之力

义卖什么好呢？有学生回答：可以卖闲置品，也可以卖学生创作的作品。比如结合书法特色的优势，鼓励"书法义卖"。

有同学比较内向，怎么办？义卖之前，教师可以对学生进行培训，进行一对一结对。如一名外向同学配一名内向同学。此外，引导学生分工协作，提高同伴合作的效率。我们还可以引导家长关注孩子亲社会性行为的发展和逆商的培养，了解孩子的真实需求。

家校社合力对孩子的教育和成长发挥重要的作用，既可以培养孩子的爱心、社会意识，还能增强家庭凝聚力和家校互信度。学生通过自己的努力，发挥自身的优势，借助有利资源成功完成了义卖活动。从最初的胆怯，到干劲十足，是义卖的成功，更是学生成就自我，实践自身之力的过程。

三、获成长之力

通过义卖活动，学生不仅书法水平得到了提高，还学会了思考与选择。学生的交往、沟通和策划能力也得到了提升，还知道了实践的重要性。家校社携手，学生有了靠自身努力收获成功的宝贵经历！作为班主任，要提升育人自觉，有效运用家校社的多种资源助力学生的全面发展。细雨湿衣看不见，闲花落地听无声。家校社深度协作的形态不仅能为学生提供"自助式"的学习服务，还能为家校社的共建创设新的发展空间。

我们的思考：

通过这样的慈善活动，学生不仅可以从慈善行为中受益，更可以习得宝贵的"慈善精神"。在家校社协同育人的新形态下，能更好地形成家校社育人合力，为学生润心赋能，学生也能学会努力、学会借力、学会独立，稳稳地走在成长之路上。

通过活动看到了生生、师生、家校共育的融合景象，学生在多维的思辨中，体悟要依靠自己的力量助人才有意义，懂得帮助他人、服务社会是每个人的社会责任。

班级活动"树"信念

活动的发生是依据从情感到理性认知，再到实践自觉的发展逻辑，信念的树立不仅需要理论的灌输，更需要实践的体验。情感体验和道德实践的有机结合，促使学生在活动中形成的正确道德认知转化为日常的道德行为。

我们依托"小兵体验营"，引导学生在军营中深度体验，树立责任担当的意识、团队合作的精神和坚韧不拔的品格,进而赓续军人的红色基因,传承少年的强国之志,为未来的笃行报国积蓄自身力量。

一、军营仪式感"树"担当意识

"小兵体验营"通过充满仪式感的新环境,让学生亲身走进军营,这一历练的平台催人奋进,使人成长!孩子们穿上军装,随着铿锵的军号抬头挺胸,眼神都变坚定了。入营式上,教官带领小兵们高唱军歌,他们望着飘扬的五星红旗,大声宣誓:请党放心,强国有我!此时,斗志已被点燃,成长与蜕变已悄然开始。

榜样的力量是无穷的,教官要引领孩子对自己形成高标准严要求。学生在小兵日记中写道:我被教官的昂扬精神所感染,我也想学做神气小兵,我对着镜子一遍遍练习立正敬礼,相信自己会越来越出色!

在军营,连吃饭也充满仪式感:"一粥一饭,来之不易。一丝一缕,恒念物力维艰!"吃饭前,小兵们齐声背诵餐前训词。他们从中领悟:今天能衣食无忧,靠的是军人们曾经的浴血奋战!

军事化管理的寝室内务要求一丝不苟、整齐划一,同样带给小兵们强烈的震撼与自我约束感。

在神圣的练兵场上,在催人奋进的氛围中,孩子们穿上代表祖国守卫者的迷彩服,肩上就有了责任与担当,内心充满了对祖国的热爱,言行也传递出中国少年的意气风发!

二、寝室文化"树"团队精神

告别舒适的家,独立参与军营集体生活让学生兴奋不已:终于能和伙伴一起享受寝室生活了!组建寝室,给新家起各有特色的名字,寝室口号和公约也是他们自主讨论制定的!

整理寝室内务同样是一场内外兼修的历练。小兵们一直在商议:怎么把床单铺平,怎么把被子从"瑞士卷"叠成"豆腐块"……套被子时,他们发现棉絮又厚又无规则,自己很难套好。通过伙伴磨合,寝室长一声令下,他们一人拉一个被角,边喊口令边振臂抖动,通过合作,终于把被子套好了,他们大声欢呼,还请老师拍下这伟大时刻!各寝室坚持一个都不落下,连平时桌肚有些凌乱的孩子也在同伴帮助下,把床铺整理得干干净净。

军营寝室给孩子开辟了集体生活新天地,寝室交往让孩子如同走进小社会,通过营造团结互助的寝室文化,尝试新的合作形式,体验别样的成就感。

三、延续强化"树"顽强作风

骄阳正好,号角嘹亮!骄阳下,号角中,小兵们正用行动、作风与姿态体现朝气与意志。翩翩少年,步步铿锵。训练中,虽然汗水滴落,但眼神依旧坚毅;尽管脸庞被晒黑,但身姿依旧挺拔;尽管声音沙哑,但口号依旧高亢。正因坚持训练,所以在阅兵式上,小兵们口号响亮,精神抖擞,整齐划一的队形铸成练兵场上的最美风景。

一次次的练习,一次次的纠正,磨的就是心性,炼的就是意志!几天的磨砺造就了小兵们不一样的风采,孩子们已成为坚强小军人!三天体验营生活虽然短暂,但这场关于自律自强的体验已成为一段拼搏与收获并行的征程!

我们见证了孩子回校后更昂扬的礼仪形象、更投入的学习状态、更加自主合作的团队组织能力!看,小兵体验日记在延续并全校展示,而为弟弟妹妹加油鼓劲的毕业宣讲会正在筹备中……

结束了军营体验活动,小兵们虽离开有形的营地,但在心中留下无形的精神财富,期待孩子们赓续军人的红色基因,接续军营正能量,为未来强国行动奉献少年力量!

我们的思考:

教育是持续的过程,学生在实践活动中不断获得道德体验,并融入日常的班级生活,促使积极上进的精神品质逐步内化,树立"今天做祖国的好儿童,明天做祖国的建设者"目标,筑牢理想信念之根基。育人之计,德育为先;德育之兴,活动为先。丰富的班级活动可以坚定学生的理想追求,提升学生的思想素养,磨砺学生的综合能力。

(二) 育有道:长程活动 深度育人

1. 长程活动创设"学生为中心"的"仁爱教育"环境

教师在活动设计、实施和评价过程中始终关注学生的需求与发展,强调学生的主体性和参与性,融入仁爱教育理念,建立持续的评价和反馈机制,并营造以学生为中心的教育环境,才能培养出具有仁爱之心、责任感和社会担当的新时代小学生。

(1) 长程主题活动内容有序,促进仁爱教育的系统化

仁爱教育是一个长期的培育过程,是在潜移默化中逐渐形成并稳定下来的。长程主题教育活动是由多形式多阶段的富有教育价值的小活动连接起来的一个大主题活动。每一个活动都要在目标的引领下,层层递进,逐步完成。

围绕"仁爱"和"忠恕"两个维度进行班级主题活动的设计,深入分析学生在仁爱品格形成中的真实需求,进行班级主题教育活动的长程式设计。学生在丰富的生活情境之中必然会生成感悟,暴露问题和冲突,教师再引导其自省自悟。在这样一种系统化的主题教育活动过程中,实现潜移默化和水到渠成的育人效果,促成学生的自我教育和自我成长。

(2)长程主题活动形式多样,提高"仁爱教育"的浸润度

为了更好地优化仁爱教育的方法,可以基于学生的年龄特征、成长规律及思维特点,采用不同的形式开展主题教育活动。

低年级学生在老师的带领下进行实践体验,具体直接地感受到仁爱思想和仁爱行为带来的快乐与收获,产生积极态度和行为,在潜移默化中激发仁爱思想,学会爱自己,掌握自我保护的方法,为仁爱品格的形成奠定基础。中年级学生可以根据主题策划相关的活动方案与细节,在团队合作中学习爱同学、爱他人。高年级的学生有了一定的思维深度,更侧重在合作创新中培养责任意识,巩固仁爱行为。不同的方式增强了仁爱教育的趣味性,提高了学生在活动中的参与度和浸润度,同时也促进了学生仁爱价值观的形成。

(3)长程主题活动主体多元,提升"仁爱教育"的全面性

长程主题活动是多主体的教育活动。教师需要解读学生,明确学生的成长目标,指导学生策划并推进活动;学生在浸润式体悟,深入的互动中相互学习、相互影响,实现同伴人共同目标;家长则需要为孩子提供必要的支持,参与活动评价。

在仁爱教育活动的推进过程中,当学生有了初步的仁爱之心,学习了为人之道后,就需要在不同的生活情境中实践。这其中必然少不了父母的支持,如时间支持、资源支持、方法支持、情感支持等,这些不同的支持行动和过程,有助于学生掌握各种为人处世之道、建立和谐的亲子关系。而家长在家庭内开展仁爱教育的时候,也需要教师的支持,如理念的支持、方法的支持等,这些支持让家长对孩子的教育更具有科学性,会潜移默化影响孩子的仁爱言行。

多主体的活动让学生全过程全方位获得成长,慢慢形成仁爱价值观。

(4)长程主题活动分层评价,推动"仁爱教育"的持续性

评价具有激励性和引领性,在长程主题活动开展的过程中,要注重小学生在活动过程中的积极体验,引导他们全身心参与活动,在活动中实现长足的进步。通过梯度评价、正向评价、增值评价,让小学生具体而清晰地看到自己的进步,并能为自己的进步而不断努力,做最好的自己。在仁爱价值观的形成过程中,客观地认识自

我,积极树立正确的价值观,形成健康稳定的品格。

2. 长程活动架设"最近发展区"的"仁爱教育"内容

学校是学生接受教育的重要场所,并承担着学生健康成长的多方面教育任务,加之学生在校开展班级主题活动时间有限,因此,班级主题教育活动的内容选择一定要基于仁爱教育"亲爱、大爱、博爱"背景,着眼于学生最近发展区,结合成长需求、时代要求、融通学校活动三方面来展开设计。

(1) 从"需求性"出发,进行内容选择

2017年教育部印发的《中小学德育工作指南》中指出:小学低年段要教育和引导学生热爱中国共产党、热爱祖国、热爱人民,爱亲敬长、爱集体、爱家乡,初步了解生活中的自然、社会常识和有关祖国的知识,保护环境,爱惜资源,养成基本文明行为习惯,形成自信向上、诚实勇敢、有责任心等良好品质。小学中高年段要教育和引导学生热爱中国共产党、热爱祖国、热爱人民,了解家乡发展变化和国家历史常识,了解中华优秀传统文化和党的光荣革命传统,理解日常生活的道德规范和文明礼貌,初步形成规则意识和民主法治观念,养成良好生活和行为习惯,具备保护生态环境的意识,形成诚实守信、友爱宽容、自尊自律、乐观向上等良好品质。

根据年级特征和认知规律,我们从亲爱(儿童与自我和他人)、博爱(儿童与自然)及大爱(儿童与集体、社会)三个维度的需求来选择活动的内容,见表3-1至表3-5。通过活动让小学生养成良好的学习与生活习惯,学会友善地与同学相处,建立良好规则意识,在班级生活中产生归属感,时刻努力为红领巾添光彩。

表 3-1 一年级活动内容的安排表

发 展 维 度	活动主题	具 体 内 容	相 关 活 动 案 例
我和自己、他人的关系	亲爱	整理习惯 劳动习惯	瓷砖王国有话说
		相处礼貌 学会关心	我的友情树
我和自然的关系	博爱	自我保护 安全游戏	课间趣时光 规则守身边
		种植活动 科学养护	小土豆在说话
我和社会的关系	大爱	热爱集体 懂得奉献	"值"来"值"往 花香伴成长
		热爱祖国 美丽山河	红娃爱红图

表3-2　二年级活动内容的安排表

发 展 维 度	活动主题	具 体 内 容	相关活动案例
我和自己、他人的关系	亲爱	尊重长辈　主动关心	情暖祖辈心
		诚信立仁　直面荣誉	自己的荣誉自己争
我和自然的关系	博爱	关爱植物　科学养护	护绿马小豆
		关注噪声　舒适环境	小小调音师
我和社会的关系	大爱	心有集体　尽心尽责	小蓝人们,最骄傲!
		热爱祖国　尊敬国旗	红娃爱国旗

表3-3　三年级活动内容的安排表

发 展 维 度	活动主题	具 体 内 容	相关活动案例
我和自己、他人的关系	亲爱	运动习惯　健康成长	阳光伙伴　成长无限
		学会接纳　友爱伙伴	种太阳花　结友善果
我和自然的关系	博爱	环保意识　净化环境	垃圾分类从我开始
		关注农事　珍爱自然	种子寻梦记
我和社会的关系	大爱	关心他人　积极义卖	爱心义卖践友善
		心中有国　用心呵护	小小爱国心　用心来守护

表3-4　四年级活动内容的安排表

发 展 维 度	活动主题	具 体 内 容	相关活动案例
我和自己、他人的关系	亲爱	主动劳动　关爱家人	菜篮子里成长多
		学会欣赏　友谊常在	组队进行曲
我和自然的关系	博爱	绿色生活　爱护环境	合理使用一次性用品
		关注生态　向阳成长	小格子　大成长

续　表

发 展 维 度	活动主题	具 体 内 容	相关活动案例
我和社会的关系	大爱	场馆研学　坚定信念	忆峥嵘岁月　学长征精神
		城市发展　工匠精神	地铁探秘　开启敬业之门

表 3 - 5　五年级活动内容的安排表

发 展 维 度	活动主题	具 体 内 容	相关活动案例
我和自己、他人的关系	亲爱	主动思考　寻找方法	我的未来更精彩
		主动乐群　智慧助人	快乐帮！帮！帮！
我和自然的关系	博爱	亲近自然　爱护山河	小徐霞客旅行记
		网络健康　拒绝欺凌	文明网评，你做到了吗？
我和社会的关系	大爱	铭记历史　感恩先辈	我们来看您！
		城市发展　中国速度	看城市动脉，少年巧献策

经过头脑风暴，根据教育的要求，着眼于学生"最近发展区"，从三个发展的维度精心选择了小学阶段与各年段相关的仁爱主题教育活动的内容。

(2) 从"时代性"出发，进行内容选择

2020 年 7 月 7 日，教育部印发了《大中小学劳动教育指导纲要(试行)》的通知，各学校在开展劳动教育过程中发现学生不爱惜劳动工具的现象。爱物是劳动教育的一个重要目标。在劳动过程中，学生与各种物质材料、工具、产品等接触，通过亲身参与和体验，学生能够更深刻地理解这些物品的价值和意义。这种理解和认同，促使他们更加珍惜和爱护这些物品，形成爱物的品质。2020 年初，习近平总书记在"不忘初心、牢记使命"主题教育总结大会上首次提出学习"四史"的概念。之后在党的二十大报告中增加了"中华民族发展史"，形成五个历史维度。这些都为我们开展爱国主义教育发出了信号。2024 年 1 月 1 日，《中华人民共和国爱国主义教育法》正式施行。当下，新媒体迅速发展，给人们的生活带来了巨大的变化，学生之间的交往方式也有了很大的改变。微信、钉钉、QQ 都让我们开始了跨时空的交往。于是，在"亲爱、博爱、大爱"主题下，我们根据小学低、中、高三个年段学生不同的年龄与能力特点设计了相关的教育活动，见表 3 - 6、3 - 7。

表3-6 "亲爱、博爱、大爱"活动内容安排一

发展维度	活动主题	具体内容	相关活动案例
我和自己、他人的关系	亲爱	网络文明	聊聊我的朋友圈
		公约制定	公约变奏曲
		尊敬长辈	小筷子 大学问
我和自然的关系	博爱	爱护公物	卫生角里的哭泣声
		爱护环境	绿动未来 共绘美卷
		服务他人	午安，十二点
我和社会的关系	大爱	心有集体	我的教室我做主
		关注历史	听，文物在说话
		家国情怀	小兵体验营

（3）从"融合性"出发，进行内容选择

经过对前面两次主题下设计的活动内容的梳理，再次聚焦"亲爱、博爱、大爱"主题，整合学校体育节、书香节、纪念日教育等主题教育活动的相关要求，以"融合性"为原则，进行了调整与筛选，又考虑到学生的年龄特点，确定相关长程教育活动如下，见表3-7，老师们可以根据学生的年龄特点相机选择开展。

表3-7 "亲爱、博爱、大爱"活动内容安排二

发展维度	活动主题	具体内容	相关活动案例
我和自己、他人的关系	亲爱	感恩节	暖心煲汤
		体育节	谁不夸咱们的部门好
		书香节	故事大王成长记
我和自然的关系	博爱	动物日	加油，小毛孩！
		环保节	我们的环保时装秀
		公益节	义卖进行曲

续　表

发 展 维 度	活动主题	具 体 内 容	相关活动案例
我和社会的关系	大爱	传统节	筑梦非遗—"漆"来
		科技节	我的纸飞机上天了
		国庆节	在改革开放中稳稳地"走"

3. 长程活动铺设"实践为体验"的"仁爱教育"土壤

仁爱之师，必须具有洞察力，能够通过班级现象看到学生的成长需求，准确归因，并将问题事件转化成资源；仁爱之师，必须具有创造力，能因材施教，能集结各种资源，针对不同的学生有序设计吸引学生参与的主题活动；仁爱之师，必须有协同力，他眼中有孩子有家长，能够在活动中和家长目标一致，达到协同育人的目的，引领学生健康成长。

班级是学生个性社会化的练兵场所，在丰富的班级生活中会生成非常多的大小事件。这些事件的产生提供了学生真实的生活情境，也呈现出学生的内心世界和真实思想。学生都是未来的接班人，他们必须在学生时代慢慢学习如何解决问题，提升自己的道德修养，以正确的价值观来引领自身的成长。如何将问题事件转化成教育主题，我们从"藏在规矩里的亲爱""藏在生命里的博爱""藏在红色中的大爱"三大领域来开展主题教育活动的长程设计，以期提供学生仁爱思想扎根的肥沃土壤。

（1）藏在规矩里的亲爱

成功的教育是规矩和爱的统一，即真正的规矩是体现爱的规矩，真正的爱是带有规矩的爱。"藏在规矩里的亲爱"课程通过情感联结、积极引导和个性化关怀等方式，帮助学生树立正确的价值观和行为习惯。

规矩不应仅是冷冰冰的规则和限制，更应包含情感联结。当教师以爱和关怀的态度去设计"藏在规矩里的亲爱"课程时，学生更容易感受到被尊重和理解，从而更愿意遵守规矩。

规矩应起到积极引导的作用，帮助学生树立正确的价值观和行为习惯。同时，教师应通过鼓励和表扬的方式，强化学生的正面行为，让他们在遵守规矩的过程中感受到成就感和自我价值。

规矩的设定应考虑到学生的个体差异和需求。教师应关注每个学生的特点和成长背景，为他们提供个性化的指导和帮助，让规矩成为促进学生个性化发展的有力工具。

自己的荣誉自己争

在学校四季课程之"品秋"系列活动中，老师给孩子们布置了一个活动作业：请用你找到的落叶，制作一幅有趣的树叶贴画，下周我们将对作品进行评选。

一周后，学生兴致勃勃地把自己的作品带来了。我仔细翻看他们的作品时，发现作品质量千差万别。有些作品精致漂亮，但一看就是大人一手包办的；有些作品中规中矩，看上去似乎是"大手牵着小手"一同制作，但"大手"的主导权非常明显；而那些画面"稀奇古怪"的作品，一看就是孩子独立完成的，不美观但是充满创意。

于是，我找来几个优秀作者问个究竟。晓晓说："妈妈说我动作太慢了，她来做，很快！"君君说："妈妈说班级要评奖的，我做得太丑，怕评不到奖，她帮我修改过了！"这时候，另外几个孩子也这样说："是的是的，妈妈说太丑了，同学们要嘲笑的……"我一下恍然大悟，原来家长担心的是能不能获奖，而忽视了活动的初衷。应该以怎样的标准来评选出真正优秀的作品呢？

自己的荣誉应该自己来争。作为教师，我们应该如何在当下家校协同教育理念下，培养出诚信之人。

当今教育的功利性严重阻碍了学生的健康成长，家长总希望自己的孩子在老师面前展现出最优秀的一面。叶贴画这项作业的初衷是让学生通过自己的创作感受春天的美好，而最终出现了许多家长替代完成的事实，家长们的理由看似也非常充分。但家长们都忘记了，诚信是一个人的立身之本，对小学生来讲，我们更要培养学生"自己的荣誉自己争"的诚信行为，以助力学生树立正确的价值观。随着时代的发展，如何有度地开展家校协同，助力学生健康成长迫在眉睫。

其一，基于未来，对学生诚信理解的剖析。"诚信"即"诚实守信"。它是中华民族世代传承的美德，是现代文明的重要基础，是《公民道德实施纲要》的基本内容之一，也是做人的根本。宋朝哲学家程颐说过，"人无忠信，不可立于世"。可见，我国自古就有诚实守信的优良传统。社会主义核心价值观二十四字中也包含"诚信"一词。可见,诚信不仅是一个人的立身之本,也是人际交往的重要德行。

诚信的大厦是一砖一瓦垒起来的,学生是祖国建设的接班人,我们希望能够培养出具有契约精神的优秀公民。

其二,基于现实,对于学生诚信问题的解析。首先,学生是成长中的人,我们要允许学生犯错。小学生喜欢展现自己优秀的一面,有时候在班级中难免会犯错,但因种种原因明明知道自己犯错了,却不愿意承认。我们要站在孩子的角度耐心倾听他的想法,告诉他犯错也是一种学习,有了经验下次就不会再犯同样的错了。我们要鼓励孩子放下包袱说真话,有的放矢地展开教育。其次,家长替代学生的成长在现实社会中已经司空见惯了,很多教师和家长也没有认识到问题的严重性。每逢学校有活动,班级展室的作品多半能看到家长的影子,班级的黑板报也是老师或者家长代劳,甚至还被学校评为"优秀板报""优秀作品",殊不知,这样的环境,学生如何能真正诚信? 最后,在教育过程中,我们发现学生答应别人的事情做不到的时候,会担心被扣上不诚信的"帽子"。作为教师,我们要告诉学生,在答应别人之前想想自己是否能做到;答应了别人之后就要努力做到,若某些原因没有做到的,要和对方解释并积极弥补,努力想办法解决。

诚信价值观的培育与正确树立是尤其重要的,这是人际交往中必须具备的良好品德。诚信是非常隐性的,一般不太容易发现问题,教师要多看多思,才能从具体的事情中发现问题,才会使诚信教育更具实效。

一是从言行对比中分析问题。在日常教育过程中,我们要从学生的言行对比中去发现问题。做一个诚实的人,对小学生来说是最熟悉不过了。从小他们就受到家长和老师的教育——不能撒谎,做一个诚实的人。大部分情况下,小学生都会努力做到诚实待人,但有时他们会因为要逃避大人的批评或者惩罚而说谎。在班级日常生活中,比较突出的问题是因为作业忘记做而谎称作业忘带,口头作业没有完成谎称做过;有时候早上上学未做好准备工作,红领巾忘记戴,被检查员发现,为了维护自己班级的荣誉而谎称是其他班级的;义卖活动时,看见小伙伴带来自己心仪的物品而私下交换;为了获得积分币而私下去制作假币等。这些问题的存在,不仅影响了学生自身良好道德品质的形成,也影响了自己在家长、老师、同学心中的美好形象。长此以往,一旦学生养成了这种不诚实的习惯,势必会影响其今后在社会中的生活和工作。

二是从角色代入中发现问题。班级日常生活中常常会有偶然事件的发生,有的学生不能客观地描述事实,往往趋利避害。而教师没有身临事件现场,只能通过询问与谈话来大致了解事件的面貌。我们会发现公说公有理,婆说婆有理。这个时候,对于事件本身,我们已经无须过多追究,因为很多学生都站在自己的角度,从自己的利益出发去阐述事件,自然问题就没有办法澄清。我们可以将事件进行大致处理,编辑成一个具有教育情境的故事。通过角色代入的方式,让全体学生对故事中人物的一言一行进行评判。通过对他人言行的讨论与交流,学生会逐渐明白实事求是地描述事情是多么重要。它能帮助我们做出正确的判断,它能让我们看清同伴的问题,帮助同伴共同进步。同时在过程中,明白不能过多强调理由,实事求是也是诚信的表现。

三是从心理剖析中认清问题。诚信是对人的基本道德要求,由于它的特殊性,对个人影响很大。虽然有学生撒过谎,但不能因此而给他贴上标签。诚信品质的培育需要建立诚信的环境体系,家庭和学校都要营造诚信的氛围。学生偷偷印刷"积分币",我们需要冷静分析学生行为背后到底有着怎样的心理状态:得不到积分,会被同学嘲笑;得不到积分,会实现不了自己的愿望;无论我怎么努力,我都得不到积分,我得想法子得积分。学生有这样的心理状态,作为教师,我们要反思我们的教学方法是不是有待改进。又如家长帮助学生制作手工作品一事,我们理解家长的心态,希望自己的孩子能在老师面前有一个好的表现,但是家长们没有尊重孩子的成长规律,不明白不同的学生知识面有宽有窄,学业水平有高有低,动手实践能力有强有弱。作为教师,我们要指导家长认识差异,承认和尊重差异。教师应该为学生的差异营造良好教育氛围,建立家班协同的诚信环境,为学生诚信之花的绽放提供肥沃的土壤。

诚信主题教育的开展其实难度较高,一般都是从概念出发,让学生明白什么是诚信,我们为什么要诚信,怎样做才是一个诚信的人。这样的教育偏向于说教,教育效果甚微。通过班级活动,我们发现抓住活动过程中生成的教育契机来开展教育,会收到较好的效果。

策略一:案例正反辨析　提高诚信认知

什么是诚信?相信每一个学生都会给出明确的回答,但是具体如何在日常生活中去提高对于诚信的认知,则需要真实的教育情境才能让每一个孩子有深刻的认识。

班级开展岗位活动,放学之后部分学生留下清扫教室。没有老师在场的教室,孩子们打扫得很欢乐,班长小明同学一不留神把抹布扔到了吊扇上,怎么弄都弄不下来。班主任知道后,询问孩子们究竟是谁弄的,结果所有的孩子要么就默不作声,要么就都说不知道。哈哈,这帮小家伙还挺讲义气!于是,针对"什么是江湖义气?什么是敢于承担的勇气?"班主任组织了一场辩论。通过学生之间的讨论与自我辨析,学生明白了,敢于承认,大声说出是我,并不是一件丢人的事情,而是诚实敢于担当的体现,小小男子汉就应该有这样的气魄!

　　班级活动中,真实又具有教育意义的情境有很多,我们教师要多进行这样的辨析,让学生有机会大胆表达自己的观点,实现自我教育,那才是最好的教育。学生经历过多次辨析,在观点的碰撞与思维的历练中提升对诚信的认知,就会对诚信有更具体的认识。

　　策略二:长程设计课程　学习诚信方法

　　小学生诚信品质的培养是一个长期的过程,我们需要从低年级开始进行相关内容的学习,从规则的建立到班级公约制定再到契约精神的培育,都是螺旋递进慢慢培养起来的,只有浸润在这样的教育环境中,学生诚信的种子才会萌发,才会结出诚信之果。俗话说,没有规矩,不成方圆。我们希望"方圆课程"给班主任开展诚信教育提供一些参考,见表3-8。

表3-8　方圆课程设计

模　块		目　标	内　容	年　级
课程设计	规则建立	不说谎话,不随便拿别人的物品,做诚实的孩子,培养正确的是非观念;自己的事情自己做,自己的荣誉自己争,养成诚实的好习惯。	规则让玩更快乐	低年级
			自己荣誉自己争	中年级
			诚信之树在成长	高年级
	公约制定	和小伙伴们一起制定并不断完善班级公约,并在班级生活中,努力遵守公约;在班级中树立以遵守公约为荣的良好风气,使班级形成良好的班风。	班级公约我们定	低年级
			诚信榜样我学习	中年级
			班级公约变奏曲	高年级
	契约坚守	在任何情况下,努力做到诚实不撒谎,不轻易承诺他人,一旦承诺的事情要尽力而为,做不到要主动说明情况,努力弥补,解决问题。	诚实种子萌芽记	低年级
			小小承诺我践行	中年级
			我是守信小达人	高年级

策略三：注重家班共育　提升诚信品质

诚信教育离不开家校协同，在生活中，我们要携手家长，指导家长支持和协助教师开展好诚信教育。在教育理念上，我们必须达成一致，这样才能更好地实现家班共育。

日常生活中，家长要尊重学生之间的差异，不要把学习分数看得过重，允许孩子暂时落后，多听听孩子的心声，并给予及时的帮助，让他有能力迎难而上，家长的宽容、鼓励与有效的指导，会让学生心中诚信的种子逐渐萌发；班级开展主题活动，教师、学生、家长都要明确一项准则：自己的荣誉自己争。我们要清楚地知道，活动不仅要获得成功，更要通过活动来培养学生良好的行为习惯及正确的价值观；家长与教师要密切关注学生之间的交往，学会诚信的一些有效方法，学会审时度势，答应别人之前要想一想自己是否能够做到。一旦答应别人的事情就要努力做到，倘若做不到，就要及时和对方沟通，取得别人的谅解，并努力想办法解决。当然，在过程中，我们需要分清楚事情的是非，不能盲目地"诚信"，这个需要家长和老师在过程中针对具体的事情进行个别指导。

我相信，每一个孩子的心田都有一颗诚信的种子，只是因为花期不同，所以呈现的状态不一样。家长和老师要携手努力，让孩子在日常生活中知诚信、懂诚信、践诚信，成为一个诚信之人。

生活中的规矩有很多，有诚信之规矩，有礼仪之规矩，有交往之规矩；有家庭之规矩，有学校之规矩，有社会之规矩。学生是成长中的人，在学习和生活中，总会遭遇许多的事情，我们希望教师能以学生为本，耐心地倾听学生的想法，尽可能让学生充分表达自己的所思所想，让我们能够精准地把握其成长的需求，这样，我们的教育才会更有针对性。在"亲爱"主题下，设计了以下教育活动，以供大家参考。

案例1

行有礼　家有爱
上海交通大学附属闵行马桥实验学校　马筱妍

一、活动目标

1. 通过情境辨析，认识尊重祖辈的重要性，了解和祖辈相处的礼仪，知道与任何人交往都需要遵守礼仪规则。

2. 通过照片回顾,理解并认同祖辈的无私付出,激发对祖辈的感恩之情,体悟尊老爱老是我国的传统美德。

3. 通过小组讨论,掌握与祖辈沟通的方法,在生活中自觉遵守与祖辈相处的规则,做温暖家人。

二、活动背景

中国历来有"礼仪之邦"的美称,无论是简单的问候,还是庄重的仪式,都蕴藏着深厚的传统文化底蕴,承载着尊重、友好与和谐的价值观。中宣部、中央文明办、中央纪委机关等多个部门联合印发《关于进一步加强家庭家教家风建设的实施意见》,"升华爱国爱家的家国情怀,建设相亲相爱的家庭关系,弘扬向上向善的家庭美德,体现共建共享的家庭追求"是其中的重要内容。《中小学德育工作指南》指出:"培养学生的道德品质、社会责任感和家庭观念是至关重要的。"尊重祖辈作为中华民族的传统美德,是德育工作中不可或缺的一部分。因此,对学生开展家庭礼仪教育是非常有必要的。

低年级学生对亲情有着天然的依赖和渴望。但由于年龄较小,情绪管理能力较弱,容易以自我为中心,忽视他人的感受和需求。因此,班级开展"家有礼,暖人心"班级序列活动,帮助学生了解优秀的中华传统家人相处礼仪,知道家人交往规则,并遵守规则,传承优秀的传统交往礼仪,以此提升他们正确表达情感的能力,形成良好的家风。

三、活动过程

(一)阶段一:尊祖辈我知道

1. 读一读:共读孝悌故事,讲传统美德故事

阅读《卧冰求鲤》《亲尝汤药》等仁爱孝悌故事,并开展故事宣讲活动,了解尊老爱幼的传统美德。

2. 议一议:观看孝道视频,议家庭尊老规则

观看孝悌故事,分享家庭生活中体悟家人关爱的家风故事。在家庭成员的协商中,讨论制定家教、家风内容。

3. 做一做:为祖辈做一件事,践行尊老之行

在生活中关爱长辈,用实际行动,为祖辈做一些力所能及的事情,关爱长辈。

4. 主题班会:情暖祖辈心

通过开展本次主题班会,引导学生尊重祖辈,学会理解体谅祖辈、掌握和祖辈

沟通的方法。

设计说明：通过亲子探传统、班级讲故事、家庭议规则等活动，了解尊老爱老的传统美德，知道并遵守与祖辈相处的规则，并在生活中践行。

（二）阶段二：敬父母我有方

1. 找找你有多爱我

听妈妈讲我出生的故事，算算家庭给我的花费，感受家庭对我的爱。

2. 说说我有多爱你

通过交流访谈，了解父母喜欢做的事情，例如打羽毛球、听音乐等，陪伴父母做一件喜欢的事情，在此过程中感悟与父母的相处之道。

3. 试试正确表达爱

通过调查"家人爱我的方式"，感悟生活中父母对我的爱，学会感恩，并学会和父母好好沟通。

4. 主题班会：理解父母，感恩于行

通过开展本次主题班会，引导学生了解父母，知道并遵守与父母的相处之道，并能在生活中正确表达对父母的爱。

设计说明：通过听故事、算花费、会陪伴等活动，了解父母对我的爱，知道并遵守与父母相处的规则，并在生活中正确表达我对父母的爱。

（三）阶段三：爱弟妹我能行

1. 你是我的好搭档

通过在家庭中与弟妹一起游戏，共同合作制作一份送给长辈的礼物，增进家庭成员之间的情感。

2. 有礼相处欢乐多

通过与弟妹一起沟通交流，制定兄弟姐妹相处的规则，促进家庭成员之间的相处之道。

3. 主题班会：爱流手足间

通过开展本次主题班会，引导学生在与弟弟妹妹的相处之中，感悟家人相处之礼，促进家庭成员间的和谐交流。

4. "最孝敬小太阳"的评选

在班级设立"最孝敬小太阳"的评选活动（评价标准见表 3-9），鼓励学生不给祖辈添麻烦，自己的事情自己做，主动陪伴和帮助祖辈。

表3-9　"最孝敬小太阳"评价标准

"最孝敬小太阳"评价标准		
不添麻烦	自己的事情自己做	★
	游玩时考虑祖辈需求	★★
	自主学习阅读	★★★
尊重有礼	和祖辈说话面对面	★
	和祖辈说话要温和	★★
	对祖辈建议好好说	★★★
量力帮助	主动帮祖辈的忙	★
	帮力所能及的忙	★★
	帮祖辈需要的忙	★★★

　　设计说明：通过与弟妹相处、合作制作礼物等活动，增进家庭成员间的相互了解，传承家庭文化，强化家庭规矩意识，促进家庭间的和谐交流。

案例2

小小太阳　耀友善之光

上海市闵行区浦汇小学　何倩雯

一、活动目标

1. 通过活动，在交流和思考中让学生了解什么是"友善"，知道友善的行为具体指哪些，初步感受友善的魅力。

2. 通过小队活动，在交流中懂得友善之举能令人心生愉悦，懂得尊重他人，感受友善的价值。

3. 在小队讨论、出谋划策后感受友善的重要性，真正践行友善，增进同学间的友情。

二、活动背景

党的十八大报告提出的社会主义核心价值观中，"友善"是公民的基本道德规范，也是人际交往的基本准则之一。树立友善的价值观，需要后天的培养和塑造，而小学正处于塑造这一价值观的关键期。《中小学德育工作指南》提出,德育工作者要"引导学生准确理解和把握社会主义核心价值观的深刻内涵和实践要求,养成良好的政治素质、道德品质、法治意识和行为习惯"。三年级的学生与同伴的友谊进入了一个双向帮助阶段,但是还不能共患难。因此,在此过程中,往往会出现"不友善"的情况。所以,我想抓住这样一个教育契机来培养学生友善意识。

学生进入三年级后,个性逐渐凸显,在相处过程中难免会有小摩擦,又有很多学生以自我为中心,自我意识非常强烈。比如有同学有困难不及时提供帮助、言语使用不规范、给同学取绰号、向同学乱发脾气等。因此,教师有必要引导学生尊重、宽容、接纳他人,于是我以"种太阳树,结友善果"为主题设计序列活动,使学生在活动中懂得与人交往中尊重和友善合作的重要性,让学生认识到人自身的和谐是建设和谐社会的重要因素。

三、活动过程

(一)第一阶段:小小太阳明友善

1.典故明友善

① 读一读:请同学们利用课余时间,借助网络、书籍等资源,查找"友善"的典故,在查找和阅读的过程中感受友善的魅力。

② 做一做:通过制作 PPT、演一演等方式将阅读到的"友善"典故呈现出来,让学生能够在表演和交流过程中理解友善的行为。

③ 说一说:利用午会课时间,让学生交流分享喜爱的"友善"典故,并说说喜爱的理由。

我找到的"友善"典故
我喜欢的"友善"典故:
喜爱的理由:

设计说明:让学生通过古人的例子明白有哪些"友善"的行为,通过制作 PPT、演一演的方式清楚"友善"的定义,在知道的同时也能化身为主人公,让学生对友善典故的印象更为深刻。

2. 亮眼找友善

寻找身边的"友善行为",将寻找到的"友善行为"用便利贴记录下来,贴至"太阳树"上。

设计说明:寻找自己身边的"友善"小例子,帮助学生明白与伙伴相处过程中该怎样行友善,别人是怎么行友善的,感受"友善"的魅力,知道原来友善在我们生活中是无处不在的,不单是微笑待人、理解他人,更是帮助他人、关心他人、谦让他人⋯⋯

3. 同伴说友善

利用班会课时间,看看"太阳树"上的友善小故事(见图3-2),选出想要了解的故事,从"太阳树"上摘下来并说一说。

设计说明:通过分享他人"行友善"的事例,进一步认识身边的"友善"事例,树立班上的好榜样,可供学生互相学习,懂得友善之举能让人心生愉悦。

(二)第二阶段:小小太阳享友善

1. 你的优点我来说

与班上同学相处三年的时光,彼此之间应是十分熟悉了。仔细回顾、观察身边的小伙伴,组织学生利用班会课说说小伙伴的优点,并用具体的事例加以证明。

图3-2　"太阳树"上的"友善果"

设计说明:善于发现别人的优点,夸夸班里的小伙伴,这也是体现"友善"的方式。除此之外,学生能在此过程中回忆三年来相处的点点滴滴,增进彼此之间的感情,为下一个活动"请到我的队里来"做了铺垫。

2. 请到我的队里来

① 结合秋季社会实践活动,学生结合自己的优点制作竞聘队长小海报。

② 学生根据队长的情况,自主选择小队,进行组队。人数达到招募数目的小组即组队完成。报名人数不达标准的,则取消该组队,自行调整改组。

设计说明:队长自己招募"队员",将活动还给学生,充分激发学生活动自主性,在招募队员的过程中既能调动学生组织活动的兴趣,也能享受"友善"带来的快乐。

3. 主题班会"种太阳树,结友善果"

设计说明:以漫画的形式帮助学生回顾自身的问题,解决班中真实的问题——

伪友善,既然选择了自己的队员,就要打心底里接纳他。通过讨论"支着儿",总结出多一份微笑、多一份谦让、多一份理解、多一份关爱是对人友善的方法,形成友善相处的意识,更加确定"友善"的方向,将友善的行为内化为一种能力。最后把评价表作为一个好品质养成的依据,督促学生学习,进一步提升友善的思维品质。

(三)第三阶段:小小太阳践友善

1. 新年祝福送送送

在元旦前夕,开展"新年祝福送送送"活动,利用班会课时间将自己的祝福写好并贴至"太阳树"上,再送给自己的小伙伴。

设计说明:知道"友善"是怎么一回事很容易,但是实践起来却很难,因此设计一些活动让学生在活动中将"行友善"的良好习惯延续下去,收获更多友谊。

2. 小报共设计

结合我校四季活动之冬季传统节日活动,组织学生开展"小报共设计"活动,小队合作完成一张班级"春节小报",将小队和小队之间发生的"友善故事"贴至"太阳树"上,评选"友善小太阳"小队,评价标准见表3-10。

表3-10 "友善小太阳"小队评价表

"友善小太阳"小队评价表(小队名称:_____)			
评 价 内 容	自 评	他 评	师 评
队长尊重队员,分工合理	☆☆☆☆☆	☆☆☆☆☆	☆☆☆☆☆
组员完成组内工作积极,态度认真	☆☆☆☆☆	☆☆☆☆☆	☆☆☆☆☆
组内合作不争吵	☆☆☆☆☆	☆☆☆☆☆	☆☆☆☆☆
组间交流时表达清楚,有礼貌	☆☆☆☆☆	☆☆☆☆☆	☆☆☆☆☆
组间合作友善,乐于帮助	☆☆☆☆☆	☆☆☆☆☆	☆☆☆☆☆

设计说明:以小队争得"友善小太阳"的评价方式,引领后期的各类活动,提升学生友善对待身边人的能力,个人与个人之间要践行友善,团体与团体之间更要践行友善,从而达到真正践行友善的目的。

案例3

学"恕"道，践友善

上海市闵行区莘庄实验小学　严　洁

一、活动目标

1. 通过品读仁爱经典，深刻体会"忠恕"的无穷力量，树立正确的修身榜样，懂得日常交往中宽容品质的重要性。

2. 涵养传统美德的同时，培养对传统文学的学习兴趣，在提升传统文学素养的同时，懂得日常交往中宽容品质的重要性。

3. 在日常交往中，以"忠恕之道"作为人际交往的准则，养成良好的行为习惯，树立正确的修身榜样，做到宽容待人。

二、活动背景

习近平总书记指出："中华优秀传统文化已经成为中华民族的基因，植根在中国人内心，潜移默化影响着中国人的思想方式和行为方式。"儒家经典是中国传统优秀文化的重要组成部分，作为中华民族传统美德的"恕"，也被屡屡提及。儒家学说主张人们要宽恕别人的过错，以慈悲、友善的态度对待他人，实现人与人之间的和谐相处。作为中华优秀传统文化与儒家经典思想的集中体现，"宽容"是公民层面的道德规范与价值取向，也应当成为新时代青少年学生继承和发扬的中华传统美德。

随着年龄的增长，小学高年级学生对同伴交往的需求不断升级，却缺乏社交能力和方法。大部分小学生都享受着家庭"团宠"地位，到了学校，在处理人际关系时，无法采取合适的方法与他人交往，往往以自我为中心，同学之间常常会发生一些矛盾和摩擦。"忠恕"既是一种美德，也是一种交往的艺术，能进一步培养学生豁达的心态，培养学生健全的人格。因此，教师应以儒家"忠恕之道"引导青少年建立和谐的人际关系，将同伴交往的正确理念落实到行动上，提高学生的实际交往技能，从而构建和谐的班级氛围，进而促进社会主义和谐社会的构建。

三、活动过程

（一）第一阶段：品读经典，明"仁爱"内涵

1. 成语九宫格——"仁爱"经典学一学

通过自主学习，积累宽厚、宽恕、宽饶、宽宥、宽宏大量、以德报怨、海纳百川等

关于"宽容"的词语和成语。

2. 谚语连连看——"仁爱"诗句诵一诵

自主积累"将军额上能跑马,宰相肚里能撑船""得饶人处且饶人"等关于"宽容"的谚语、诗句。

设计说明:引导学生主动学习传统文化中有关"仁爱"及"宽容"的相关成语、谚语、故事、诗句、名言等,潜移默化地浸润传统文学素养。

(二)第二阶段:故事思辨,融"忠恕"美德

1. 故事交流会——"宽容"故事说一说

主动学习传统文化中有关"忠恕"或是"宽容"的相关经典故事,树立正确的修身榜样。

2. 游戏玩一玩:走进"宽容城"

以游戏棋的方式,引入遇事斤斤计较或者宽容大度的案例,激发学生对"宽容"的学习与思辨,加深对"宽容"品质的理解。

设计说明:通过引导学生发现生活中遇到的与"宽容"相关的榜样故事,辨析宽容的榜样行为,从而增强他们对宽容美德的认同感。以游戏棋的方式,引入遇事斤斤计较的生活案例,激发学生对"宽容"的探究兴趣和认识,加深对"宽容"品质的理解。

(三)第三阶段:涵养美德,导"友善"之行

1. 主题班会:宽以待人,快乐交往

通过品读经典故事、绘本故事的思辨、"不宽容他人"快照等形式,引导学生感受宽容的力量,传承"忠恕之道"传统美德的同时,养成良好的道德品质与行为习惯。

2. "友善之星"评选

表 3－11　"友善之星"评价表

达人称号	"友善之星"评选要求	达 人 等 级		
		高级达人	中级达人	初级达人
国学达人	主动通过网络等不同途径收集仁爱经典(知识),并完成"国学达人挑战赛"。	仁 仁 仁	仁 仁	仁
游戏达人	与同伴合作完成迷宫棋的设计和制作,并完成一局游戏棋。	♟♟♟	♟♟	♟

续 表

达人称号	"友善之星"评选要求	达 人 等 级		
		高级达人	中级达人	初级达人
故事达人	通过不同途径,宣讲"宽容"人物故事或者生活案例故事,树立正确的修身榜样。	🎙🎙🎙	🎙🎙	🎙

根据表 3-11 的评选要求,评选国学达人、游戏达人、故事达人,再评选出"友善之星",引导学生在获得传统文化知识的同时,进一步提高学生的人际交往技能,践行社会主义核心价值观。

设计说明:通过开展主题班会和活动评价,引导学生感悟日常交往中宽容品质的重要性,能尝试在日常交往中以"忠恕之道"作为人际交往的准则,做到宽容待人。

(2)藏在生命里的博爱

"藏在生命里的博爱"课程旨在培养学生的博爱品格,让他们学会尊重生命、热爱自然,并具备国际视野和人文关怀。课程实施形式主要有以下几点:

组织学生进行小组合作学习,通过讨论、分享、协作等方式,培养学生的团队合作精神和人际交往能力。

创设与博爱主题相关的情境,让学生在情境中体验、感悟和践行博爱理念。

鼓励学生进行自我反思和相互评价,通过反思和总结,不断提升自己的博爱品格和综合素质。

案 例

"真友善"与"伪友善"

秋游前:"你进我们队吧!"

秋游中:"你看,每次都是因为他不配合,所以我们小队总是完不成任务。"

"哎呀!当初就不应该让他进我们小队!"

我顿了顿,说:"不可以说这种话噢!你们是一个整体,要懂得包容他人。"

秋游回去后,学生选定了伙伴却没从内心接纳的情景一直在我脑海中浮现。

回忆选伙伴时，他们一个个都有商有量地进行着，最后没有落下任何一名队员。但是在真正相处过程中，涉及小队荣誉时，他们的"伪友善"就表现了出来。"该如何让学生践行真正的友善呢？"作为班主任的我应该反思。

我们常常通过选伙伴的活动来实现友善的育人目标，但却总会忽略其背后真正的育人价值。透过现象看本质，归根结底就是孩子们没有正确的友善价值观。在推进的过程中，远远背离了设计的初衷，学生不知道如何真正"友善"对待身边人。

友善是社会主义核心价值观之一，与中华传统的儒家思想"仁者爱人"一脉相承，是人与人相处和交往的原则，也是个体的道德准则。在一个班集体中，总有那么几个孩子不太受伙伴的欢迎，他们往往学习成绩不理想，行为习惯也不太好。一旦有小组活动，他们就会"鹤立鸡群"，被孤立在一旁。遇到这种情况，往往在班主任的说服之下，勉强"融入"集体，但他是否能真正被小组的伙伴温柔接受，是否会在后面的活动中与同学起冲突？

其一，基于未来，对学生友善理解的剖析。友善自古以来就是中华民族秉持的一种美德，是一个历史概念。随着时代的发展，我们给予它新的内涵及教育意义，被列入社会主义核心价值观公民层面对个人的价值要求。就学校而言，本年度发行的"中国学生发展的核心素养"报告中，确定了中国学生的六大核心素养，其中在"自主发展"与"社会参与"两大板块中对学生处理好人际关系都强调了有效管理好自己的生活，处理好自我与社会的关系，这无疑确立了一种新的培养目标——我们需要与他人、与社会、与自然和平相处。毋庸置疑，友善既是当今社会核心价值的一种趋向，也是教育的一个风向标。曾看到这样一则温暖人心的公益广告：夜幕下，一盏阳台的灯光下，路边一对清洁工夫妇正在用餐。留灯夫妇的友善之举温暖了那对清洁工夫妇，同时也温暖了电视机前所有的观众。人之初，性本善。友善是一种发自内心的态度，行为是它的外在表现。因为心中存有善念，所以才会有一盏留给路人的灯，一个面对陌生人的微笑，一声给予他人的轻轻问候。

其二，基于现实，对学生友善问题的解析。首先，我们知道当今学生物质生活优越，当我们需要让孩子们献出爱心的时候，孩子们非常踊跃。他们年龄尚小，往往以钱的多少来衡量爱心的大小。看到别人拿出的钱多的时候，往往会再次向家长拿钱，再次献爱心。孩子们慷"家长"之慨的爱心行为，是我们教育不倡导的。其次，学生在交往的过程当中，选择同伴有自己的标准。他们往往喜欢学习成绩好的，一直被老师表扬的，无意间就会形成自己的一个小团体，而忽略了班级中个别需要帮助的小伙伴,忘记了他也是班级的一员,更加需要我们去帮助他共同进步,让他感受到伙伴的温暖。最后,学生对于什么是真正的友善,还没有真正地理解。小学生对于友善的理解大多数停留在给予他人物质帮助。年龄尚小的他们没有能力去判断什么才是他人需要的,他们不明白尊重他人的生活习惯,耐心倾听他人发言,真诚待人,己所不欲勿施于人都是友善的具体表现。最近很热门的电视剧《隐秘的角落》让我们看到了孩子世界的友善与大善、真善之间的距离。我们希望孩子们都生活在一个友善的班集体,让每个孩子都逐渐树立正确的友善价值观,生活在一个个温馨的教室里。

友善是交往的原则,是学生与外界一切事物和人建立良好关系的保证。作为教师,我们要努力发现学生在成长过程中与友善相关的各种问题,及时地帮助他们意识到问题的存在并努力改进。

一是与同伴相处中暴露的问题。同伴社交这件事,对孩子来说十分重要。美国学者哈吐普(Hartup)认为,孩子在长大的时候,会出现两种社交关系,一种是和成人之间的垂直关系,另一种是和同伴之间的水平关系。孩子们在班集体中生活、交往,它是以教学班为单位,按集体主义原则组建起来的学生群体。小学阶段的孩子一天中至少有 8 小时的时间与同伴朝夕相处,群体中的真实交往最能反映学生真实状态,班主任要适时发现学生交往期间发生的诸多小事。有的学生特别受欢迎,他们友善待人,与同学们打成一片,同伴们有困难都会找他帮忙;有些学生总喜欢告状,为一些鸡毛蒜皮的小事和同学闹不愉快,为人处世斤斤计较;有些学生特别顽皮,经常用一些不友好的方式与同伴交往,如推搡他人、开开恶意小玩笑等;有些学生性格高傲,谁都不放在眼中,喜欢独处,不太喜欢和其他孩子交往。更有甚者,班级中还会出现小团体,出现"不要和他一起玩""我们要和他绝交"等孤立他人的情况,这些情况的出现恰恰能够反映学生在友善方面存在的现实问题。

二是与亲人相处中呈现的问题。生活中有些人对外人格外友善,但对待亲人就难以控制自己,一不顺心或者不满意就大吼大叫。我们把这类人归于"窝里横,外面软"。心理学家戈尔曼曾经说过,每个人的行为表现在心理学上都有特定的表现区域,称之为前台和后台。前台表现就是在公众环境中我们展现的行为举止,后台表现是在相熟的圈子里我们所表现出来的行为举止。

物质条件的优越和独生子女的特殊身份,让部分学生也成了"窝里横"。他们生活在一个相对溺爱的环境中,无论他们怎样发火,粗暴对待家人,家人都会惯着他,忍让着他。久而久之,他们越来越不会忍耐和控制自己的脾气,和家人相处也越来越不友善。要全面地了解学生真实生活中呈现的友善问题,家庭生活必不可少。首先可观察学生与家人的相处方式。放学时间,学生是否与自己的长辈打招呼?家访时,学生与长辈之间的互动模式如何?亲子关系的问卷小调查也可以了解学生与家长之间的亲疏关系。经过这样细致观察、仔细分析,班主任就能觉察出班级学生在"友善"方面需要改进的问题。

三是与陌生人相处中发现的问题。假日小队活动是学生以自由结队的形式开展的社会活动,社会活动最能反映学生如何接触社会、如何与陌生人相处的真实状态,班主任要充分利用好假日小队活动,去学生活动的现场观察。社区宣讲活动、三伏天爱心送水活动、探访敬老院活动、走进残疾人之家活动等,这些活动帮助孩子们建立与社会各类群体之间的联系,在活动中发现真问题。在社区宣讲活动时,关注学生是否能与形形色色的人建立友善的沟通;在三伏天爱心送水活动中,关注学生是否能表达自己善意的关怀;在探访敬老院活动、走进残疾人之家活动时,关注学生是否能真心实意体会对方的不易,发自内心关爱陌生人。并且能够在活动后反思自己友善的行为是否真正是他人需要的,应该如何了解他人的感受,然后再做怎样的改善。

友善问题的发生基于各种原因,面对林林总总的问题,解决的办法也不尽相同。作为教师,我们要根据不同的问题,针对不同年段的学生,选择不同的方式进行友善教育,才能使友善教育富有实效。

策略一:日常现场观察,捕捉友善教育契机

培育小学生"友善"价值观是践行社会主义核心价值观的要求,也是帮助学生"扣好人生第一粒扣子"。作为教师,我们要通过日常教育观察,抓住教育的契机,及时引导学生养成尊重、关爱、包容他人的友好行为。

人之初,性本善。我们都喜欢和伙伴们快乐地相处,孩子们也不例外。可是,在现实的教育过程中,我们会发现小学生之间很容易闹别扭,一闹别扭,就到办公室来告状。仔细倾听,你会发现学生常常会出现因"好心"而引发的一系列友善问题。

通过调查与分析,我们了解到孩子们并不是不友善,而是不知道如何才能做到友善。对小学生而言,我们应该让他们懂得用恰当的方式来表达"善心"。如午间有同学吵闹如何劝导,老师板书写错字如何提醒,如何制止陌生人插队等一系列在班级生活中经常遇到的事情。遇到类似事情,教师一定要牢牢把握教育时机,及时组织学生进行辨析与讨论,从而懂得好意的"提醒"需要蕴含"善意"才能被人理解、接受与喜爱。在师生、生生互动中掌握不同场合的提醒方式,学会并做到真正的友善,即无论在怎样的场合,都要尊重他人的人格,顾及他人的情感,礼貌地对待他人。这种指向学生行为层面的价值观培育,能够帮助学生掌握如何友好地表达善心,从而使学生在群体交往中成为一个受欢迎的友善之人。

策略二:长程设计内容,习得友善正确方法

小学生"友善"价值观的培育是一个极其复杂的系统工程,需要家庭、学校和社区共同出力。长程式主题教育活动设计根据学生的不同年段、不同背景、不同特点进行长程规划,让活动形成系列。在活动中,当孩子们具备基本能力后,系列的主题教育活动,把班级活动与学校、社区、家庭紧密结合,体现长程设计意识,促进孩子全面、健康地成长。

下面以"人际交往"为例来介绍一下长程式主题教育课程的设计,见表3-12,以便班主任们参考。

表3-12 人际交往长程式主题教育课程设计

模 块		目 标	内 容	年 级
课程设计	学校交往	学会有礼貌地与伙伴交流,认真倾听同伴发言,养成尊重他人的习惯;团队交往中,学习合理表达诉求,有矛盾能及时、有效地解决。	美在言间 爱在心田	低年级
			社团你我他,交往有方法	中年级
			谁不夸咱部门好	高年级
	邻里交往	学会主动帮助邻里小伙伴,积极与小伙伴开展互助学习活动,在活动中习得交往好方法,感受友善交往的成长快乐。	我是楼道清洁官	低年级
			我是暖心小邻居	中年级
			好书漂流记	高年级
	社会交往	学会主动帮助小区里有困难的人,养成乐于助人的好习惯;积极参与社区组织的爱心活动,用行动播撒关爱之情,传播正能量。	小小志愿者在行动	低年级
			爱心义卖践友善	中年级
			走进福利院	高年级

通过人际交往课程,学生立足班级、邻里、社区三大学习与生活空间,学会尊重他人,主动与他人交往,习得良好的交往方法。有话好好说,有事好商量,有理让三分,这样的交往良方能最大限度地减少与他人之间的矛盾。一旦发生矛盾也会妥善处理,用爱的行动,传播正能量。

策略三:挖掘节日内涵,创新友善教育途径

贴近生活、贴近学生的教育才是真教育,作为教师,我们一定要注重在生活中培育学生友善价值观。中国节日与世界节日都蕴含着丰富的教育资源,我们可以从节日入手,创新培育友善价值观的路径,让友善的种子有阳光有雨露,逐渐生根发芽,苗壮成长。

3月5日学雷锋日、世界微笑日、国际宽容日等都有其内在不同含义,将节日引进到班级的生活中,设计各种活动,创造学生与他人沟通的机会,体验和感受友善的价值。如在开展"世界微笑日"活动时,进行"今天,你微笑了吗"活动,鼓励学生每天给自己遇到的人一个微笑。将微笑带到家中,将微笑带到班级,将微笑带到超市中……在体验中,学生感受微笑带来的积极情感。

校园节日也是学生学习友善交往的好平台。学校组织学生积极策划和参与各种主题活动,给学生创设真实的交往情境。各种活动带给学生多种丰富繁杂的交往问题,给了学生处理交往问题的机会。身处事件当中的每一个学生都是最有发言权的,大家开诚布公,各抒己见。小队策划活动,组长不能一个人说了算,大家要协商进行;种植活动,要为能力弱的小伙伴创造参与照顾花草的机会,共同提高;学校义卖活动,不能去嘲笑捐钱少的小伙伴,认识到爱心的大小不能以钱的多少来衡量。

节日活动完毕之后,教师要创造交流的平台,让学生讲述他人或自己微笑的故事,分享他们对友善的认知,生发友善情感并自觉产生友善行为,让"友善"价值观的培育落到实处,努力做到知行合一。

友善对待他人,对待身边的一切事物,和大自然和谐相处是每个人必须学习的重要功课。尽管物质生活日益丰富,但我们仍要引导孩子善待身边的物品,物尽其用,珍惜大自然的馈赠,建立正确的环保理念,践行健康的生活方式。随着科技的进步,我们的交往也不只在现实生活中,虚拟的网络世界打开了另一个交往的空间,我们要引导学生健康上网,文明网评,善意对待他人,享受网络带来的便捷、丰富。在"博爱"主题下,设计了以下教育活动,以供大家参考。

案例1

小土豆成长记

上海交通大学附属闵行马桥实验学校　李　杨

一、活动目标

1. 通过小土豆漫画情境,了解生命是脆弱的,也是不可替代的,需要细心呵护。

2. 通过分享种植土豆的故事,感受生命成长中的快乐,激发勇敢面对生命中的风雨、乐观生活的积极性。

3. 在帮助小土豆的过程中,学会积极乐观地看待问题,并能主动智慧地解决问题。

二、活动背景

《上海中小学生生命教育指导纲要》指出:要牢固树立和落实科学发展观,帮助学生认识生命、珍惜生命、尊重生命、热爱生命,促进中小学生身心健康发展,迫切需要系统科学地开展生命教育。《中小学德育工作指南》也建议学校开展认识自我、尊重生命、学会学习、人际交往、情绪调适及适应社会生活等方面教育,引导学生增强调控心理、应对挫折、适应环境的能力。

根据《上海中小学生生命教育指导纲要》与《中小学德育工作指南》的指导,我们知道,生命教育对中小学生的身心健康发展至关重要。二年级学生虽充满自信,但缺乏明辨是非的能力,对生命意义的理解尚浅。尽管班级从一年级起就进行了生命教育,但主要集中在安全教育方面。在二年级居家学习期间,班级开展了种植土豆的活动,让学生亲手体验生命成长的过程。然而,面对种植失败,部分学生并未深刻认识到生命的可贵,认为可以轻易重新开始。因此,班级决定开展"小土豆成长记"系列活动,旨在通过丰富的活动帮助学生全面认识生命的来之不易和可贵,同时学习自我保护的方法。

三、活动过程

(一)第一阶段:小土豆　话生命

1. 亲子读绘本,了解我从哪里来

开展亲子阅读——《我从哪里来》。

2. 师生话绘本,认识生命的美好

通过分享绘本故事,在师生和生生的交流互动中感受生命的美好。

设计说明:通过多形式绘本阅读,要让学生产生心灵触动,引导学生认识生命,喜欢自己,懂得关心家人,唤醒学生在未来生活中体验生命的美好意识。

(二)第二阶段:小土豆　护生命

1. 土豆种植有计划

组建种植小组,制订种植计划。

2. 土豆发芽齐助力

小组成员一起选种、育种,齐心呵护。

3. 故事分享共进步

分享小组种植故事,相互学习种植方法。

4.主题班会促成长

开设主题班会"小土豆去哪儿了"。

设计说明：通过种植小土豆的活动,分享种植活动中的故事,感受生命来之不易,知道生命的成长需要大家细心呵护。

(三)第三阶段：小土豆　悟生命

1.小土豆　大变身

将收获的土豆送给呵护我们成长的家人们,一起制作美味菜肴。

2.小礼物　大成长

绘制属于自己的"生命树",记录成长历程,分享暖心故事,为三年级十岁庆生活动准备一份特殊的礼物。

设计说明：在日常生活中落实守护生命的行为,养成珍惜生命,热爱生活的习惯。

案例2

方寸之间,享生命绽放之旅

上海华东师范大学附属紫竹小学　李贝贝

一、活动目标

1.通过视频资源和词云分享,初识生命的多样性。

2.通过情境故事和交流分享,感知生命的多样、独特和不可逆,体会尊重生命、珍惜生命、热爱生命的重要性。

3.通过小组讨论和共同商议,在解决番茄种植难题中,共寻藏于种植过程中的生命价值与意义。

二、活动背景

2005年,《上海市中小学生生命教育指导纲要(试行)》提出,生命教育是旨在帮助学生认识生命、珍惜生命、尊重生命、热爱生命,提高生存技能,提升生命质量的一种教育活动。其中要求3—5年级的学生能了解友谊的意义、学习与他人合作;初步认识和体验人的生命是可贵的,能珍惜生命。《中小学德育工作指南》中也要求对学生开展认识自我、尊重生命的教育,以培养学生健全的人格、积极的心态和良好的个性心理品质。

仁爱思想下的中小学生命教育,就是把中小学生作为实实在在的生命体——

"人"来教育。在学校的日常教学中着眼于生命本身,关注中小学生群体的同时亦关注中小学生完整的生命个体,关注学生内心的真实感受,聆听学生内心的声音。在当前教育理念的指导下,生命教育已成为培养学生健全人格、积极心态和良好个性心理品质的重要环节。活动中的四年级学生,正处于对生命有初步感悟但认识尚浅的阶段。他们喜欢充满生机的世界,对种植活动充满好奇,能够认识到生命的活力与脆弱,但尚未深刻理解生命的价值与意义。因此,教师结合仁爱思想下的中小学生命教育理念,计划开展一系列班级主题教育活动,通过种植体验等实践活动,引导学生学会欣赏、尊重生命,进而学会珍惜、热爱生命,拓展生命的意义,内化为学生个体的生命意识,培养他们对生命的敬畏与责任,促进学生全面发展。

三、活动过程

(一)第一阶段:菜园搭建小能手

1. 小小菜园名自取

商定菜园名称,制作菜园名牌。

2. 合作搭建显创意

讨论合作方法,进行创意搭建。

设计说明:通过开展搭建菜园的任务,让学生在共同商定小组菜园的名称、制作小组菜园名牌等方式中,积极表达自己的观点和建议,学会正确的沟通合作方法,感受生命的神奇。

(二)第二阶段:菜园种植小达人

1. 科学种植有计划

制订种植计划,确定分工,准备材料。

2. 开启种植当专家

进行种植养护,实施种植,轮流维护。

3. 感受生命多蕴意

开展主题班会"小格子　大收获",提升认知,弥补不足。

设计说明:通过开展种植蔬菜的活动,在小组共同制订种植计划、养护植物的活动中,培养学生学会分工合作,在认识生命的多样性中学习尊重生命、珍惜生命和热爱生命。

(三)第三阶段:菜园收获小赢家

1. 满载而归的快乐

收获小组共同种植的蔬菜,感受生命的奇迹和成长的力量,体会合作的快乐。

2. 热闹非凡的菜场

与伙伴、亲友等分享蔬菜,感受对生命的尊重、对自然的感恩及对他人的关爱。

3. 精彩无限的故事

牵手成长,将故事传递给身边的伙伴和亲友。

设计说明:通过收割农作物的活动,小组成员共同收获成果。借助分享活动过程中的乐趣,将劳动果实和生命感悟故事继续传递给身边的伙伴与亲友,进一步提升对生命的珍惜与热爱。

绿动未来　共绘美卷

上海市闵行区吴泾实验小学　彭婷婷

一、活动目标

1. 正确全面地认识到一次性用品的使用对人类的生活既存在有利的一面,又存在有害的一面,从而培养他们对所有生命的尊重与爱护、博爱与包容的精神。

2. 感受到一次性用品的利弊取决于人类的使用方式与态度,树立合理使用一次性用品的意识,激发自觉保护环境的社会责任感。

3. 能视不同情况、本着绿色生活的理念,合理科学地使用一次性用品,将爱护生命的精神融入日常,共同推动构建人与自然和谐共生的美好未来。

二、活动背景

党的二十大报告提出:推动绿色发展,促进人与自然和谐共生。《中小学德育工作指南》中,生态文明教育是德育五大内容之一,提出了"倡导绿色消费,引导学生树立尊重自然、顺应自然、保护自然的发展理念,养成勤俭节约、低碳环保、自觉劳动的生活习惯,形成健康文明的生活方式"。

随着生活品质的提升,环保理念逐渐深入人心。我国正致力于减少一次性物品使用,推广可循环产品,倡导简约适度、绿色低碳的生活方式。然而,知行不一的现象依旧存在,一次性用品因其便捷性而难以割舍。

四年级学生正处于性格、世界观塑造的关键时期,环保教育至关重要。尽管班级内已开展节水、节粮等环保活动,但学生在实际生活中仍难以完全摆脱对一次性用品的依赖。本次活动旨在通过紧密联系学生生活,引导他们深入思考自然、社会与自我之间的内在联系,学会科学看待问题,与自然和谐相处。强调尊重生命、爱护环境的重要性,使学生意识到减少使用一次性用品不仅是对环境的贡献,更是对生命的尊重。期望学生能将环保理念内化于心,外化于行,将减少使用一次性用品视为一种光荣、时尚的生活方式,从而在日常生活中践行环保,获得良好的环保教育和情感教育。

三、活动过程

（一）第一阶段：启蒙认知环保觉醒

1. 环保知识竞答赛

班中进行知识问答竞赛,了解学生知晓情况。

2. 环保故事分享会

设计说明：通过环保知识问答,查找和分享环保故事,使学生对环保这一理念有更加全面和深入的了解,激发他们的环保意识,为后续的环保实践打下坚实的基础。

（二）第二阶段：绿色行动实践优化

1. 绿色足迹小调查

对学生使用一次性用品的情况进行调查。

2. 绿色家园大搜索

亲子活动,和家长一起搜索家长的一次性用品,并进行分类。

3. 绿色智慧齐行动

开展主题班会"合理使用一次性用品"。

设计说明：理实转化,能发现并解决实践中产生的新问题,科学减少家中一次性用品的数量和使用频率。通过问卷、实践活动等,使学生能够真正将环保理念融入日常生活中,成为环保行动的实践者和推动者,共同为地球的可持续发展贡献力量。

（三）第三阶段：深化影响共创未来

1. 旧物新生　创意改造

对旧物进行改造,开展一次展示活动。

2. 绿色守护　志愿服务

组织学生前往周边社区等,开展垃圾分类等志愿服务活动,与社区居民互动,提升公众的环保意识。

3. 环保之声　理念宣讲

邀请环保领域的专家学者、公益组织代表等与学生共同前往社区、公园等地进行宣讲活动。

设计说明：通过实践、服务和宣传等多种方式，我们将不断深化学生的环保意识，推动环保理念的普及和实践，为共创绿色未来贡献我们的力量。

（3）藏在红色里的大爱

红色文化是社会主义核心价值观的重要组成部分，也是仁爱思想中大爱精神的重要体现。通过"爱事业、爱社会、爱国家"三个维度设计"藏在红色里的大爱"课程，帮助学生更好地了解中国的历史和文化，培养他们的爱国情怀和大爱精神。

小队活动能换个地方吗？

周五的午会课开始了，孩子们开始讨论本周的小队活动内容。有学生建议，今年是上海解放 71 周年，我刚看过《八佰》电影，我们可以去龙华烈士陵园，缅怀为上海解放献出生命的英烈们。我着实感动，看来，近期推出许多红色电影已经逐渐营造起爱国主义教育氛围了，孩子们也感受到了……

"啊？要去陵园啊，有点怕怕。""那个地方一点意思都没有！""里面有个很大的公园，我们可以在那里玩捉迷藏啊！"还没等我开口表示赞同这个建议时，孩子们就七嘴八舌议论开了，完全没理会我越来越紧蹙的眉头。

一波未平一波又起。没有想到，当晚就有家长志愿者直接@我，"老师，小队活动的地点可不可以换？去汽车博物馆更有意思呢！""老师，去年我们就组织孩子们去过了，如果一定要去，那么我们在陵园前面合个影，再去其他有意思的地方好了！"面对学生和家长的一言一语，难道家长和孩子们都觉得这样的爱国主义活动没有意义吗？我陷入了思考……

烈士陵园是爱国主义教育的重要场所之一，那里长眠着为中国的解放事业而献出自己生命的英雄们。学生和家长为什么都不喜欢去烈士陵园进行爱国主义教育活动呢？细细想来，部分学生不知道为什么要去烈士陵园缅怀英烈，对于什么是爱国不清晰，所以他们会觉得害怕；同时，家长没有正确地树立爱国主义核心价值观，简单地认为去烈士陵园只是走马观花，甚至只是随意合个影。对爱国主义教育这样的理解，作为教师的我们要引起反思。

其一，基于未来，对学生爱国理解的剖析。爱国是一种情感，也是社会主义核心价值观重要的组成部分。对学生进行爱国主义教育,应该从教育学生爱家、爱校园、爱家乡做起;从爱红领巾,爱护国旗,唱好国歌做起;从努力学习,刻苦钻研做起;从既要了解国家的现状,也要了解国家的过去做起。尤其要了解为新中国解放而献出生命的英雄们,感悟今天的幸福生活与先烈的拼搏分不开,努力学习才是爱国的具体行为表现。我们才能不忘初心,牢记使命,砥砺前行。学生是祖国未来的接班人,要懂得努力学习不仅是为了考上好大学,找到好工作,更多的是要立志明方向,为祖国的繁荣昌盛,日益强大而努力。

其二,基于现实,对学生爱国问题的解析。生逢盛世,和平安乐的我们,为什么说到爱国就觉得空洞无趣? 首先,反思我们的教育没有提供让学生"爱国之心"深扎成长的足够土壤,学校里的爱国主义教育往往偏向于说教,重理论轻实践;家庭教育中,也很少把培育"爱国之心"放到学生成长的重要指标里;社会教育有场馆有设施,但缺乏对青少年爱国教育的创新手段,实效性就打折扣了。其次,学生知道要爱国,但由于学业压力过重,忙于作业,连双休日都被安排得满满的。他们根本没有时间去关注国家大事,更不用说去参加枯燥的爱国主义教育活动了。那么如何爱国,怎样爱国,就无从谈起了。最后,家长们对爱国主义教育的观念还有待提高,觉得小学生去爱国主义基地是浪费时间,学生太小,看不懂什么。日常生活中,家长最关注的是孩子的学习,甚至连新闻都很少让学生去观看。

乔伊斯·L. 爱泼斯坦认为:家庭与社区是学校在孩子的教育和发展过程中的合作者,学校和家长作为合作伙伴,应认识到共同目标和共同责任,通力合作为孩子提供更好的教育。如何有效地开展爱国主义教育,引导学生树立正确的爱国主义核心价值观,已然是摆在我们教师面前的重要课题。

爱国主义教育对学生来说,是比较宏观的。作为教师要从多个角度去发现学生的问题。只有对问题有明确的认识,才能针对问题来有效教育和引导学生对爱国知识有一定的认识,培育爱国之心。

一是日常生活中感觉大问题。在日常的校园生活中,虽然学校开展相关的爱国主义活动,但是效果不够理想。每周学校都会举行升旗仪式,要求大家跟着国歌大声唱,可是我们发现大部分学生都没有饱含情感地大声唱;和孩子们谈及"英雄"话题时,孩子们心目中的英雄居然是超人、蜘蛛侠、美国队长、机甲战队、铠甲勇士等;春秋游活动,安排学生参观红色纪念馆或者爱国主义教育基地时,学生觉得无趣,只是跟着队伍往前走,不能认真地聆听讲解;疫情期间,正是国家危急时刻,但是学生大都忙于学习与作业,很少关注疫情的发展。

通过这样的日常生活的观察,我们发现学生的爱国种子因缺少土壤、阳光、雨露而未萌发。反思以往的学校教育和家庭教育,往往都不太重视对孩子进行爱国教育。虽然有开展但是在形式上没有根据年龄特征开展,比较形式和教条,重说教轻实践体验,导致学生对活动缺少兴趣,学生为了不被批评,被动应付参与活动,活动成效就会大打折扣。

爱国的核心是爱,爱国主义教育需要教育的氛围,努力在情感激发上做功课,用学生比较喜欢的方式,充分调动学生的情感体验,这样才能更好地培育爱国情怀,指引他们逐渐树立正确的爱国价值观。

二是偶发事件中觉察真问题。什么样的行为才是真正的爱国?在继"砸日本车"一事之后,曾一度引发了国人的思考。爱国既要有情感的表达,也要有理性的认识。缺少理性的辨析是影响爱国主义教育实效的重要因素之一。

在成长的过程中,学生会不断地遭遇很多偶发事件,往往这些偶发事件有着非常复杂的情境,学生不能正确处理。作为专业教育者,我们需要通过仔细思考,理性判断,才能帮助学生觉察事件背后的实质性问题。

某学校在开展"寻找秋天的美"这一活动时,有几名学生选择了用落叶来制作国旗。他们的出发点是值得肯定的,学校的爱国主义教育已经收到了一定的成效。但用落叶来制作国旗这样的行为是否值得推广?班主任随即组织召开了主题班会。班会课上,同学们发出了不同的声音:有的学生认为这种行为是心中牢记祖国,是一种爱国的表现;也有的学生认为,落叶随着时间的推移会慢慢被风化,树叶国旗很容易破碎不堪。国旗是神圣的,树叶国旗显然不够庄重,不值得提倡。经过几个回合的思辨,学生达成了共识。国旗的制作是非常严谨的,从尺寸的裁剪到五角星位置的确定,从颜色的选择到国旗的保存,《国旗法》都有明确的规定。在这样一个偶然事件中,班主任发现了学生虽然有爱国心,但不知道如何去正确规范地表达。这是学生成长的普遍性问题,也符合他们的成长规律。这个阶段的孩子乐于用不同的形式表达自己的情感,但很容易忽略其合理性与规范性,需要教育工作者去做专业的指导和引领。

三是多元调查中洞察急问题。在爱国主义教育中,激发爱国情感,丰富爱国认知的主要目的是引导学生树立爱国志向,最终落实到日常的行为。多元调查可以帮助教师更清晰全面地了解学生爱国志向的树立和爱国行为的落实。调查的对象可以是学科教师、学生及家长,调查的形式可以是问卷也可以是访谈,调查的内容必须针对调查目的。

通过访谈学生，我们了解其学习的目标，有学生回答是为了考个好大学，将来找个好工作，挣大钱；有学生回答是学本领，将来做喜欢的事；也有学生回答为将来过更好的生活……很少有学生想到是为祖国强大而读书。面对这样的回答，我们觉得学生的爱国主义教育刻不容缓。通过访谈家长，我们了解到家长都认为应该对学生进行爱国主义教育，但是现阶段爱国主义教育形式比较单调，学校的教育方式比较传统，学生不感兴趣。至于参观红色场馆，家长们都表示在课业逐渐繁忙的情况下，一般不考虑去红色场馆。家长真实的想法，让我们更加感受到问题的急迫。多元调查帮助教师全面洞察学生思想，了解学生的家庭育人环境，及时发现问题，协同家长努力解决问题，实现育人目标。

爱国之心的培育和爱国主义价值观的培育不是一朝一夕的事情，需要我们教师结合相关资源，创新生动有趣的教育形式和教育途径，才能让爱国的种子深深扎根于学生心底，让学生明确学习的目标，立志为祖国的强大而努力学习。

策略一：巧用多种资源，宏微结合巧引导

一说到爱国，往往会被认为是宏大叙事。爱国不但要对国家的过去和现在有一个宏观的认知，更要从小事入手，润物无声地落实到生活中的一言一行，才能真正做到知行合一。在开展爱国教育时，我们要充分挖掘身边的资源，使学生能从身边的人和事中汲取正能量。比如红领巾和小学生的关系非常密切。在开展此类活动时，我们既要让学生对红领巾有一个宏观的认识，知道它是"国旗的一角"，也要在微观上对学生进行具体的行为指导。例如如何规范佩戴红领巾，如何保持红领巾的整洁，摘下红领巾时又该如何叠放，等等。又如我们根据教育目标可以选择诸如"大国重器""厉害了我的国"等相关视频片段，在宏观上让学生感受到祖国的发展与伟大；而对于热点事件、班级现象，同学行为的思辨与分析又会引导学生在微观上审视自己的言行。

同时，可以在班级图书角设立"红色读本"区域，可以协同家长通过网络分享经典的红色文化视频资料，借助午会课开展"唱红歌"活动，利用双休日开展亲子红色场馆参观。教师、学生、家长共同参与共读红色书籍、共观红色影片、共唱红歌、共游场馆等多元共赏的活动，营造班级爱国氛围，提升学生爱国的感性认识，激发其爱国情感。

策略二：设计长程活动，循序渐进来共育

爱国主义教育要"落小""落实"。"落实"就需要根据学生的年级特征确立不同学段的主题活动目标，以保证三个年段的教育能长程性、科学性地有序推进。在年段目标的引领下，根据小学生各年龄段兴趣爱好及能力水平，进一步设计长程序列活动,使之形成支架式的学习态势,助力爱国主义种子逐渐萌发,茁壮成长。

下面以"红色课程"为例来介绍一下长程式主题教育课程的设计,见表3－13,以便班主任们参考。

表3－13　红色课程长程式主题教育课程设计

模　块		目　　　标	内　容	年　级
课程设计	创意游戏	以游戏方式了解新中国成立是由无数先烈不懈努力而来的,激发学生对英雄的崇敬之情,种下一颗爱国之心。	"飞行棋盘"知长征	低年级
			"场馆体验"走长征	中年级
			"教育戏剧"演长征	高年级
	经典绘本	以儿童视角了解一些祖国的历史事件,激发爱国热情,引导学生采用多种方式表达爱国之情。	"经典阅读"识三毛	低年级
			"故事演绎"画三毛	中年级
			"绘本创编"懂三毛	高年级
	优秀影视	通过爱国实践活动进一步感受祖国发展变化,激发深层次的爱国之情,引导学生树立远大理想,积极进取。	"闪闪红星"亮起来	低年级
			"声色光影"明解放	中年级
			"城市变迁"话改革	高年级

在此课程活动的开展过程中,学生家庭的特点、学生本身的兴趣及家长的教育理念等因素会在一定程度上影响学生参与活动的状态,也会生成各种不同的资源,班主任要善于捕捉生成资源,挖掘优质资源,更好地实现课程目标。

在课程开展过程中,我们要树立爱国榜样,引导不同的家庭相互学习,还可以借助"微媒体"开展在线沙龙活动。在活动中,可以抛出话题,如"这样的爱国主义教育你喜欢吗?""孩子在活动前后有哪些变化?"引发家长和学生的思辨。有了身边榜样,有了沙龙中的交流,家长们的观念也会随之发生变化,从而达到爱国主义教育的共识与共育。

策略三：注重实践指导,尊重差异助成长

孔子倡导的"有教无类""因材施教"就是尊重学生的差异,承认学生的不同潜能和个性特点。让每一个学生在活动中获得成功体验是尤为重要的,这是影响其参与积极性的重要因素,我们要积极对待每一个学生不同的状态,让每一个学生都获得不同程度的成功,并且贯穿活动的始终,这样的成长才会有生命力。

在活动前期,我们不仅要关注到"爱国主义教育"对于学生共性发展的成长需求,还要关注到学生个体发展的成长需求。我们指导学生事先做好参观前的准备,如相关资料的学习、讲解员的预约等。最重要的是要和学生一起设计多元任务单,提升活动的实效性。具体来说,考虑到学生不同的个体差异,在实践体验中师生可以对任务单进行个性化设计,让学生根据自己的爱好、兴趣和能力水平,选择最合适的任务单。孩子们有了自主选择,任务完成度大大提升了。

表 3-14 为二年级任务单,供参考。

表 3-14 参观红色教育基地自主任务单

姓 名		班 级	
参观地点			
任务名称	任务要求(任选三个完成)	自己评一评(根据完成情况)	
路线图	画一画今天的参观路线图	☆☆☆☆☆	
记一记	记录今天参观的展室名或展品名	☆☆☆☆☆	
说一说	讲一个英雄的故事给父母听	☆☆☆☆☆	
学一学	学唱一首与参观内容相关的歌曲	☆☆☆☆☆	

活动过程中,班主任可以邀请家委会成员及家长志愿者全程指导参观,在注重安全防护的同时,进行精彩活动的拍摄与记录,以便后期总结的时候,把快乐回放给孩子们,更好地激发他们参与活动的热情。

活动结束后,班主任结合班级文化布置,把活动过程张贴到班级板报的显眼位置,并推送至班级微信群,鼓励更多同学参与活动。同时及时召开主题班会,运用多种形式进行回顾总结。可以寻找活动中的亮点,也可以针对活动中的问题进行思辨,还可以根据活动前制定的评价标准展开活动评价。班会既总结了参观红色场馆的收获,又深化了学生的爱国认知,明确了爱国的实际行动,真正做到了晓之以理,动之以情,导之以行。

通过有效实践过程指导,班级可以全面推进爱国主义教育的走访活动,把爱国主义教育从学生的"感性认识"和"理性认知",拓展到"行动实践",让更多的学生能在实践中提高对爱国的认识,激发爱国情感,在学习上树立爱国志向,在生活中落实爱国行为。在"大爱"主题下,设计了以下教育活动,以供大家参考。

案例1

"小石榴"爱红土

上海交通大学附属闵行马桥实验学校　俞冬华

一、活动目标

1. 通过观看视频,认识中国地图,初步了解家乡概况,通过情境辨析,知道国家领土不可分割。

2. 通过小组合作拼地图和在地图上找家乡等活动,感受中国之大,家乡之美,激发对祖国、对家乡的热爱之情。

3. 通过交流与讨论,了解让家乡更美的方法并积极落实于实际生活,为建设美丽中国增光添彩。

二、活动背景

《中小学德育工作指南》中,德育总目标是"培养学生爱党爱国爱人民,增强国家意识和社会责任意识"。《中华人民共和国爱国主义教育法》指出,祖国的壮丽河山和历史文化遗产是爱国主义教育的重要内容。中国地图象征着国家的领土完整和统一,在中国人的心目中具有重要地位。地图上不仅标注了各个省份、城市、河流、山脉等信息,还蕴含着丰富的历史文化内涵。

通过观察和了解中国地图,学生不仅可以深刻地认识到自己是中国的一部分,增强对国家的归属感和认同感,还能了解全国各地的历史文化特色,进一步加深对中华文化的理解和传承。在小学阶段引导学生认识中国地图,读懂中国地图对培育学生的中华民族共同体意识具有重要意义。

一年级学生对中国地图有初步了解,有的还购买过中国版图的拼图玩具,因此能准确找到首都北京的位置,知道上海是一座繁华的沿海城市。班级大部分学生的家长是新上海人,来自祖国的四面八方,比如四川、江苏、云南等,还有一个孩子是少数民族。但由于他们这一代出生在上海,生活在上海,对自己家乡的了解并不多。对他们来说,"家乡"只是一个抽象概念,家乡在地图上处于什么位置,有哪些特色是不清晰的。因此,让学生知道自己家乡在地图上的位置,了解家乡特有的民俗风情,感受家乡之美,从而激发他们对家乡、对祖国的热爱之情,为将来建设美丽中国奠定基础。

三、活动过程

(一)第一阶段:认认中国版图

1. 亲子共话中国版图:和父母一起看一看中国地图,知道、认识中国的地理位置。

2. 亲子共拼中国地图:和父母一起拼中国地图的拼图,了解各省市自治区和特别行政区。

3. 亲子共找家乡位置:在地图上找一找自己的家乡,了解它的主要特点。

4. 阶段总结:开展主题班会"小石榴爱红土"。

设计说明:通过亲子活动探究中国地图、拼中国地图、找家乡位置,感受祖国的疆域辽阔和各地的风土人情,激发自豪感,明白我们都是中华民族的一员,初步形成中华民族共同体意识。

(二)第二阶段:聊聊魔都上海

1. 画一画上海的建筑:布置班级文化,午会时分享建筑特色。

2. 聊一聊上海的美食:伙伴分享自己喜欢的上海美食。

3. 探一探上海的发展:交流怎样为上海增光添彩。

设计说明:通过交流上海建筑和美食,赞美第二故乡——上海,再次激发学生热爱家乡、祖国之情,体悟中华民族共同体意识内涵。

(三)第三阶段:建设美丽马桥

1. 寻找马桥美景:暑期伙伴共游马桥景点,简单制作游览攻略。

2. 品尝马桥味道:探究马桥豆腐干,亲子合作,用马桥豆腐干制作一道菜。

3. 建设马桥未来:绘制马桥未来,讨论为了让马桥更美,我们能做些什么。

设计说明:通过寻找家乡美景、品尝马桥味道、创想马桥未来,从小立志建设家乡,深化中华民族共同体意识。

案例2

小小爱国心　用心来爱护

上海市闵行区浦江第三小学　陈梦华

一、活动目标

1. 通过辩论交流活动,辩证看待"树叶国旗",学习国旗法,感受国旗的庄严与神圣,激发学生的爱国热情。

2.通过寻找"树叶国旗"的处理方法,学会积极主动地解决问题,从而形成正确的护旗行为和恰当的爱国行为。

3.通过伙伴互助、红色基地寻访等活动的开展,在日常行动中传递爱国之情。

二、活动背景

2014年六一国际儿童节的前一天下午,习近平总书记在与全国各族少年儿童代表欢聚的时候,表达了对青少年的期望,希望他们从小就立志向、有梦想,爱学习、爱劳动、爱祖国,德智体美全面发展,长大后做对祖国建设有用的人才。这是以习近平同志为核心的党中央和国家对青少年的亲切关怀与殷切希望,也是我们对学生共同的期望。2019年是香港消息最为丰富的一年,其中还包含了毁坏国旗等新闻,给社会带来了许多不良的影响,这也提醒我们,爱国不应该只表现为我知道什么有关的知识、懂得《中华人民共和国国旗法》等,还应该渗透进日常生活的方方面面。

五年级的学生有强烈的爱国情感,有了一定的护旗知识,但大多停留在认知层面,容易忽略日常行为中的细节,也不知道如何规范地去保护我们的国旗。他们能想到用树叶制作国旗,这是对祖国的真情流露,却忽略了国旗的庄严与神圣,需要班主任在日常活动中渗透与提点。

三、活动过程

(一)第一阶段:我眼中的国旗

1.国旗问卷小调查

组织开展国旗问卷小调查(见表3-15),在班中反馈调查结果。

表3-15 设计护旗行为调查问卷

1. 你看过哪些爱国类电影?
□《我和我的祖国》　　　□《中国机长》　　　□《建国大业》
2. 你会每天关注新闻吗?
□ 经常看新闻　　□ 偶尔听到新闻　　□ 能关注新闻,并对有关国旗的新闻比较敏感 □ 偶尔关注新闻,对有关国旗的新闻比较敏感
3. 有关国旗法,你知道下列哪些?
□ 不得升挂破损、污损、褪色或者不合规格的国旗。 □ 国旗及其图案不得用作商标和广告,不得用于私人丧事活动。 □ 在公共场合故意以焚烧、毁损、涂画、玷污、践踏等方式侮辱中华人民共和国国旗的,依法追究刑事责任;情节较轻的,参照治安管理处罚条例的处罚规定,由公安机关处以十五日以下拘留。

续 表

☐ 升挂国旗时,可以举行升旗仪式。举行升旗仪式时,在国旗升起的过程中,参加者应当面向国旗肃立致敬,并可以奏国歌或者唱国歌。全日制中小学,除假期外,每周举行一次升旗仪式。
4. 你觉得在护旗方面,你做到过哪些? ☐ 学校下发的小国旗仍旧完好保存 ☐ 每周能保证红领巾干净整洁 ☐ 听到国歌,无论身在何处都能立马立正、敬礼 ☐ 升旗时,敬礼姿势标准 ☐ 唱国歌时,声音响亮,对国旗充满敬意
学校:_____　班级:_____

2. 国旗故事大搜索

组织学生分小队寻找身边的国旗故事并在班级中分享。

① 组织学生分小队寻找身边国旗故事。

② 将保存的照片上传,在班级中分享国旗小故事。

③ 投票选出最受欢迎或最感人的故事。

例:

照片收集人:杨淑慧

故事:2016 年 G20 峰会,20 个国家的领导人齐聚中国杭州,在领导人合影中,主办方用国旗标示各国领导人的位置,合影结束,领导人散去,脚下国旗却被踩来踩去。唯独胡锦涛主席弯腰把这面中国国旗贴纸捡起,细心地收了起来。

3. "树叶国旗"小辩论——召开主题班会

① 播放身边的护旗故事视频,组织学生进行简单交流。

② 播放四格漫画——辩论:用树叶做国旗是该提倡还是制止?

正方:用树叶制作国旗值得提倡。　　　　反方:用树叶制作国旗不合适。

正方一辩(论点):用树叶制作国旗的过程中,我们能认识国旗,知道国旗旗面各部分含义,只有在正式的操作过程中,我们才知道五颗星的摆放位置——没有经历过实际操作对五角星的位置放置只能停留在表面。	反方一辩(论点):第一,我们并不能保证每一个学生都是心灵手巧的,即使知道了五星的位置后,也不一定能正确处理好五星的位置;第二,五星红旗制作出来后,树叶国旗的保质期无法保证,容易形成破损的情况!
正方二辩(论点):我们提倡的是隐藏在制作背后作者对祖国的热爱之情,1949 年 10 月 7 日有些地区还未解放。仍被关押在重庆	反方二辩(论点):我们的国旗法颁布的时间是 1990 年,所谓无规矩不成方圆,正是因为法律的强制性保护着我们,我们才能安全地

白公馆监狱中的罗广斌和其他的革命志士得知新中国的国旗是五星红旗,于是拆下一床红色被面,粘上黄纸剪成的五角星,在狱中秘密制作了一面特殊的五星红旗。——他们身处狱中做出的这面国旗不标准,但这是信仰织就的国旗,这种爱国精神应该提倡。	成长,接受更多的知识。国旗法第十七条明确规定:不得升挂破损、污损、褪色或者不合规格的国旗。树叶国旗是被拼出来的,看上去像是破损的国旗。
正方三辩(论点):我们制作的树叶国旗,表达的是爱国,你看香港友人看到被黑衣人剪断后,掉落在地上的国旗,纷纷赶赴现场,将国旗重新升起,同学们,掉落在地上的国旗也可能会有污损,但他们的爱国之情应该被提倡!	反方三辩(论点):11月16日,一则网上的视频显示,一辆红色的宝马停在路边,车身是中国红,在引擎盖上,印着五星红旗。武汉市江汉区交警大队告诉记者,像宝马车这种情况,达不到违法情节,够不上处罚标准,但做法也不可取,把国旗印在车身上不是特别严肃。用树叶做的国旗也不够严肃,不应该被提倡。

设计说明:通过问卷调查,了解护旗常识,利用"树叶国旗"这一特殊的作品开展各项活动,通过思辨的方式让学生学会正确护旗。

(二)第二阶段:我心中的国旗

1.寻找历史中的国旗

观看有关纪录片,或者由真实事件改编成的电影,如《我和我的祖国》《中国机长》等。

2.寻找生活中的国旗

小队开展红色基地寻访活动,在班级中分享感受。

设计说明:通过观看纪录片或电影,红色基地的寻访活动,让学生在生活中寻找心中的国旗,感受历史背景下浓厚的爱国情感,了解继承这一份爱国意识也是护旗行动的一部分。

(三)第三阶段:护旗小组在行动

1.护旗行动进行时

表 3-16　护旗行动互评表

具 体 要 求	第一周	第二周	……
1.每周能保证红领巾干净整洁	☆☆☆	☆☆☆	……
2.听到国旗,无论身在何处都能立马立正、敬礼	☆☆☆	☆☆☆	……

续　表

具 体 要 求	第一周	第二周	……
3. 升旗时,敬礼姿势标准(或纠正情况)	☆☆☆	☆☆☆	……
4. 唱国歌时,声音响亮,对国旗充满敬意	☆☆☆	☆☆☆	……
总得星数			

备注:每周进行伙伴互助评价,反馈每周的护旗小能手,颁发红领巾章。

2. 护旗行动我传承

组织学生以演讲的形式挑选某一周的十分钟队会时间,将小队的成果分享、传递给对应的友谊班。

设计说明:在生活中不仅关注自己的护旗行为,也能互相监督同伴的护旗行为,将护旗思想渗透进学校生活中,在自己会做到、能做到后,将自己的这一份爱国意识传递给学弟学妹们,从而进一步"护旗"。

四、活动拓展

设立校园护旗岗位,开展校园护旗行动,传递正确护旗观。

案例3

地铁探秘活动　开启敬业之门

上海市闵行区教育学院　顾彩娟

一、活动目标

1. 通过走近地铁,认识地铁标志,寻找魔都最美地铁,感受其高效、便捷,体会到国家建设的成就,为国家发展感到骄傲。

2. 通过活动,走进地铁,探究地铁岗位及其工作职责,初步感知地铁职业需要的基本知识、技能和素养,体悟到每个人都在为社会和谐发展贡献力量。

3. 通过活动,走"浸"地铁,感悟地铁职业人高度的工作责任感,引领学生思考当下如何努力,学好知识,认真做好小岗位工作,培育良好的意志品质,成为合格的职业人,为创造幸福生活奠定基础。

二、活动背景

2014年,教育部等部门先后印发《关于培育和践行社会主义核心价值观 进一步加强中小学德育工作的意见》(教基一〔2014〕4号)、《关于在各级各类学校推动培育和践行社会主义核心价值观长效机制建设的意见》(教党〔2014〕40号)等文件,进一步部署各级各类学校如何开展社会主义核心价值观教育。同时,各级部门要求将社会主义核心价值观进教材、进课堂、进头脑,开展好社会主义核心价值观教育。

在平时的教学中,学校也较少开展以"敬业"为主题的教育活动,四、五年级的学生对敬业的概念有所了解,但要真正化为行动,如学习上努力钻研、工作上尽心尽责等是需要教育和引导的。加之现在是网络时代,学生看到一夜爆红的网络主播,不怎么花费力气却得到很高的回报,有些玩玩游戏就能赚钱等,这在一定程度上扭曲了学生对职业的认知。而不少家长也认为只要读书好就可以了,以至于学生很少能从父母那里了解到职业的多样性、各行各业劳动的特点、工作的价值,以及劳动付出的辛苦……

三、活动过程

(一)第一阶段:走进地铁,感受生活之美

1. 探秘"会说话的标志"

以小队为单位,家长带队,开展"会说话的标志"地铁探秘活动;小组交流、创新绘制标志。

2. 寻找"魔都最美地铁站"

以小队为单位,通过网上查找、实地考察等方式寻找"魔都最美地铁站"。

3. 分享"最美标志墙"

① 征集校园"最美标志"一枚:能引导来校老师准确无误地最快到达某处。

② 布置标志墙,评选"最美标志"。

设计说明:通过"识—探—行—创"实践活动,了解地铁标志,感受地铁文化,体会城市的进步与发展、设计者的智慧及付出的努力,体悟人类创造的幸福,激发对国家的归属感和荣誉感。

(二)第二阶段:走进地铁,感受敬业之美

1. 实践调查,完成调查表

以小队为单位,开展实践调查,探秘地铁岗位种类及工作内容,见表3-17。

表 3-17　地铁岗位调查表

调查人：_____

序号	岗位名称	工作时间	工作内容	内心感受	工作场景照片
1					
2					
3					

备注：如有交流到地铁站的标志设计及最美地铁站的整体设计等，老师要及时表扬他善于发现。

2. 互动交流，完善调查报告

① 以小队为单位进行互动交流，每人以照片为主，讲述地铁岗位故事。

② 小队汇总并完善调研报告。

3. 组织交流，评选"星级合作小队"

表 3-18　星级合作小队评价表

小　组	第一周	第二周	第三周	第四周
	☆☆☆☆☆	☆☆☆☆☆	☆☆☆☆☆	☆☆☆☆☆
	☆☆☆☆☆	☆☆☆☆☆	☆☆☆☆☆	☆☆☆☆☆
	☆☆☆☆☆	☆☆☆☆☆	☆☆☆☆☆	☆☆☆☆☆
	☆☆☆☆☆	☆☆☆☆☆	☆☆☆☆☆	☆☆☆☆☆
评价标准	1. 小队有分工，人人都参与。2. 准时参与活动，做好分内事。3. 友好待伙伴，有事好商量。4. 遭遇困难事，齐心来解决。5. 善思乐好问，人人愿分享。			
评价说明	全部达到为五星，达到四条为四星，达到三条为三星。			

备注：对学生活动成效进行评价。

设计说明：通过小队实践活动，学生能够了解地铁职业人不同的岗位种类，每一个岗位都有不同的工作职责，体现了地铁职业人对国家和社会的责任感，并借助评价的方式给予学生积极向上的目标，激励学生能更有兴趣地参与活动。

（三）第三阶段：走"浸"地铁，感悟敬业之美

1. 采访"地铁职业人"

① 设计采访提纲，完成采访稿。

② 邀请地铁维修部工程师来校，讲述地铁人的故事。

2. 召开主题班会——"开往春天的地铁"

① 学生在主题活动中的各种照片；② 小品演出：《忙碌的服务处》；

③ 情景故事：《我的烦恼》；④ 视频播放：《一根钢轨》。

3. 牵手"敬业"，努力当下

① 地铁志愿者活动：我学习，我成长！

体验日记：记录志愿者的一天；班级布置：主题为"见证我的成长"。

② 活动延伸：加油！未来地铁人！

③ 评选最佳"合作小组"。

设计说明：通过实践、体验、探讨活动，学生明白做好地铁职业人需要有知识和耐心，有吃得起苦的精神，对工匠精神有了进一步的感悟，每个岗位都需要有强烈的责任心、无私奉献和精益求精的精神，种下一颗爱岗敬业的种子。

四、活动拓展

亲子活动：参观上海地铁博物馆，观看纪录片《大国工匠》《大国重器》。

细胞是生物体基本的结构和功能单位，是一个生物性名词。主题活动中的细胞活动就是将主题活动细化成一个个小而富有逻辑的基本活动单位。它可以是20分钟的微班会，可以是35分钟的主题班会，抑或是一个10分钟的头脑风暴。不管是何种形式，我们要让它们努力发挥其功能，尽最大可能激发参与主题活动的每一个学生的每一个生命细胞，使学生能够在活动中激发出自身的内驱力，焕发生命的活力与生机。在长程主题活动的过程中，由于时间跨度比较长，空间也比较大，班主任要以一定的方式去观察和记录活动过程及相关事件。这些在活动中生成的教育资源是非常真实而且能让学生有所感悟的体验，在开展"细胞活动"的时候会产生更好的教育效果。

4. 长程活动开设"学生为主体"的"仁爱教育"形式

在小学班级主题教育活动的长程式设计的应用中，要正确把握师生在活动中的角色定位，充分体现学生的主体性。

（1）活动主题上，学生自主选择、参与策划

班主任是长程式主题活动的设计者、组织者，学生是活动的参与主体。班主任可以组织学生参与主题的选择和活动的策划。作为组织者，班主任要以目标为主导开展活动，努力实现主题教育活动的目标，不能剥夺学生的参与权和成长的机会，在活动中要时刻注意不偏离总体目标，更要注意指导学生将活动目标落到实处。

班级公约是班集体成员都认同并能自觉遵守以确保集体生活正常进行的共同约定。同样，每所学校都有自己的学生管理条例，确保学校工作正常开展。但学校制定管理规定是自上而下的，有权威性；确定后是不能轻易变更的，有稳定性。随着时代的发展，很多新兴事物诞生，学生的个人观念也发生了改变，生活习惯也在变化着，所以有些学校规定会滞后于学生的需求或者不够细化，这也就需要每个班级自己制定个性化班级公约，并教育学生予以遵守。

班级公约的制定和修改

上海市闵行区江川路小学　马　莹

一、活动目标

1. 通过小组间的交流，逐渐形成先自我约束后自我满足的理性思维模式。

2. 通过辩论，形成良好的规则意识，明确班级公约的重要性，增强自我约束力，懂得遵守规则要从每件小事做起。

二、活动背景

到了三年级，学生对师长的权威性意识有所淡化，开始逐渐质疑起各类规定。常有学生突发奇想，希望利用主题教育活动引导学生学会表达自己的意见，自主探寻解决问题的方法，懂得自我约束的重要，形成一份遵守的公约，从而使学生明白：自我满足应以集体荣誉、集体需要为先，逐步形成集体观念，成为一个既有自我，又有集体的人，一个能够遵守公约的人。

三、活动过程

（一）第一阶段：校服"辩"奏曲

1. 发放调查问卷，收集有关每天穿校服的反馈

① 设计调查问卷，回收问卷，进行分析：学生根据穿校服的现状，从不同角度

分小组设计调查问卷题目。

② 收集不同的观点：学生多角度收集同伴和家人的观点，并做好记录。

2. 召开主题班会——校服"辩"奏曲

① 学生亮出自己的观点，"在学校是否有必要每天穿校服？"

② 学生围绕"什么时候一定要穿校服？""什么时候可以不穿校服？"两个问题展开讨论，分组写出合理化建议，撰写提案，上交学校。

设计意图：引导学生知道某些重要场合穿校服的必要性、严肃性和安全性，指导学生考虑问题要多角度、多方面地思考和分析，引导学生学会正确对待、表达自己的想法和诉求。

（二）第二阶段：水果"辩"奏曲

1. 通过调查问卷了解有关在学校里吃水果的意见

① 设计"问卷星"调查学生有关这个问题的意见，见表 3-19。

表 3-19　学生调查问卷

学生调查问卷样例		
问题：你认为同学们可以带水果到学校里来吃吗？请用"√"表示。		
同意（　　）	不同意（　　）	中立（　　）
理由：		

② 设计问卷调查家长有关这个问题的意见，见表 3-20。

表 3-20　家长调查问卷

家长调查问卷样例		
各位家长，本学期自从增设班级意见箱以来，我们收到了很多小朋友建设性的意见。在这种民主的氛围之下，现班委会成员就其中一个问题征求一下各位家长的宝贵意见。 　　问题：是否赞同让孩子自带水果到学校里食用？请用"√"表示。		
同意（　　）	不同意（　　）	中立（　　）
理由：		

2. 学生根据自己的观点，多方面采集证据

① 学生在校园里收集证据。

② 学生找家长协助或在网络上查找资源,证明自己的观点。

3. 召开主题班会——水果"辩"奏曲

① 学生亮出自己的观点,"是否可以在学校中吃水果?"

② 学生围绕"如果吃,那么什么时候吃比较好?""在学校吃水果要注意什么?"两个问题展开讨论,分组写出合理化建议,撰写提案,上交学校。

设计意图:通过商讨形成的公约具有一定的可信度,在学生达成共识的前提下更能促进他们为遵守公约而约束自己的行为,努力维护公约的实施,为践行公约提供保障。进一步引导学生正确表达自己的想法和诉求,培养学生的民主意识。

(三)第三阶段:班级货币"辩"奏曲

1. 通过调查问卷了解班级积分"货币"使用中的问题

① 设计调查问卷,了解在积分过程中班级"货币"出现的问题。

② 对调查问卷进行分析。

设计意图:积分过程中各种问题出现,让学生思考向日葵币和向日葵银行的意义是什么,怎样通过正确的渠道取得向日葵币并进行消费,当个人的需求得不到满足时,能否用一些其他的手段去实现它。让学生在观点的碰撞中体会到,不仅要解决实际问题,还要学习思考问题和解决问题的方法。

2. 小手牵大手合作想对策

① 学生根据个人经验,想出一个办法。

② 学生请教家长等长辈,贡献一个办法。

3. 召开主题班会——班级货币"辩"奏曲

① 在班会课上,大家围绕热点话题展开讨论。

② 形成公约,增加小岗位,为后续践行公约服务。

设计意图:让学生在观点的碰撞中体会到,不仅要解决实际问题,还要学习思考问题和解决问题的方法。学生通过向日葵银行问题的解决,明白养成好习惯的方式很多,作用也很大,学会解决问题的方法,提高解决问题的能力,进一步引导学生正确表达自己的想法和诉求,培养学生的民主意识。

(四)第四阶段:班级公约的践行和修改

1. 利用评价表(见表 3-21),对自己和同学践行班级公约的情况进行定期评价

表 3 - 21　班级公约践行评价表

班级＿＿＿＿＿＿　姓名＿＿＿＿＿＿　学号＿＿＿＿＿＿

评价项目	自己的表现	伙伴的评价	好建议请留言
校服着装	周一到周四	周一到周四	
有序吃水果	定时定量 个人卫生 垃圾分类	定时定量 个人卫生 垃圾分类	
班级货币	诚信赚取 合理消费	诚信赚取 合理消费	
评价说明：	1. 经过全班讨论,一致同意周五可以穿自己的衣服,并得到了学校学生工作部的认可,所以周一至周四统一穿校服。 2. 每周根据评价表的反馈及时表彰,并在后续进行调整。		

2. 根据实际及时调整

根据评价对排位最低的几个项目进行原因分析,进而修改公约内容。如果是外界原因造成同学们很难执行的项目,我们就对该项目进行修改;如果着实难以执行,则取消该公约内容;如果是同学们主观意识上不愿意服从的,则要制定相应受限制公约,如取消一次带水果到学校的特权。

设计意图:通过公约让个人的需求得到满足时,我们更要监督公约的执行情况,通过自评和互评,把控公约的效能。当某些班级公约在执行中不符合班情时,则需要及时修改和补充。尤其是利用一些补充公约,让学生的个人需求能在遵守大环境安宁的情况下得以适当满足。

四、活动拓展

此序列主题教育活动从制定班级公约,到公约的执行过程中发现问题及时修正,以及在新的公约实施过程中一些班级小岗位的增设等,都是引导学生知道规则的重要性,以及在执行中人人遵守规则的可行性。后续还可以对遵守规则的学生进行特色考评和家长反馈,以巩固公约的持续常态发展。

（2）活动过程中,学生自觉参加、全员参与

班主任是长程式主题活动的组织指导者。主题教育活动并非班级中几个优秀学生的舞台,而是每一名班级成员的活动。在活动开始前合理设计活动,活动的内容和形式都要满足学生自身发展需求,努力吸引全班学生的积极参与,让每一个学生都能自发地全身心投入活动中,班主任要具有教育的独到观察力,发现细微的问题,做到及时处理及指导,使学生能对当下的问题进行正确的判断和处理,努力把活动的主动权还给学生。

为满足不同学生的需求,在形式上要根据年龄与思维特点从体验到浸润再到创新三个不同的要求去设计（见表 3-22）,吸引学生的参与,帮助学生在活动中收获最大的活动体验,实现最大的活动价值。

表 3-22　生态环保主题下三个年段同一主题的不同目标及活动形式

年　级	生态环保	活动目标	活动形式	具体形式
低年级	四彩小"桶"心	提高垃圾分类知识	体验式	线上 app　线下检验
中年级	垃圾分类有妙招	自主策划解决难题	浸润式	智慧分享　小实验
高年级	垃圾分类"七星行"	社会实践课程创建	创新式	实地勘察　UMU 课程

① 低年级注重体验式活动

由班主任根据班级情况进行长程设计,过程中注意观察、倾听、捕捉学生在活动中的体验与感悟,从而对后一阶段的活动进行调整与完善。

案例研究

四彩小"桶"心

活动目标:

1. 通过实践体验活动,了解"地球清洁日"和生活垃圾分类相关知识。

2. 通过 app 知识竞猜,学校与家庭垃圾分类实践等方式,形成垃圾分类的好习惯,培育良好的环保理念。

活动过程:

第一阶段:垃圾分类我知晓。这个阶段结合 app 进行垃圾分类知识的学习,

且通过学生在家、校、社实地考察中,了解垃圾分类的相关知识,并在实践中运用,能够让垃圾宝宝正确回到自己的家。

第二阶段:垃圾分类有行动。班级中实践垃圾分类的行动,发现班级中的有害垃圾和可回收垃圾,懂得爱惜资源,节约资源,少产生垃圾。

第三阶段:垃圾分类共携手。通过向学校建议更新并亲手设计"四彩"垃圾桶,携手身边的伙伴一起投入垃圾分类的学习和行动中。

② 中年级注重浸润式活动

在班主任的指导下,学生根据自我需要,从方案的设计、开展与实施都进行全程浸润式的参与,引导学生对方案进行论证、对活动过程进行反思及调整,提升学生长程设计的能力。

案例研究

垃圾分类有妙招

活动目标:

1. 在活动中,发现垃圾分类过程中遇到的问题,探索和分享解决垃圾分类问题的妙招,培养认真倾听、善于思考、解决问题的能力。

2. 组建"垃圾分类我先行,携手共创环境美"活动小队,明确活动目标,调整并完善小组制订的活动计划,解决垃圾分类过程中的棘手问题,保持垃圾分类的良好行动,树立家国情怀。

活动过程:

第一阶段:垃圾分类我知道。这个阶段的活动主要从环保角度明白垃圾分类的意义,发现在实际生活中垃圾分类遭遇的现实问题。班主任和学生在共同策划活动过程中,发现不是分类不清的问题,而是人们的习惯问题及对于垃圾分类意义不清的问题。于是,迅速调整活动,开展对垃圾分类和对环保的关注。

第二阶段:垃圾分类我来做。这个阶段学生调整了活动计划,在"做"的上面进行了调整,不仅是在家做好垃圾分类,更是走向社区宣传垃圾分类的重要性,志愿参与社区垃圾分类管理,并且认真记录"垃圾分类小达人"实践日志,向他人传递环保理念。在实践中,提高了坚持垃圾分类的意志力,提升了环保意识和公民意识。

第三阶段：垃圾分类有妙招。这个阶段主要是在实践日志的分享过程中，学生遭遇了自己家庭中的垃圾分类问题。垃圾分类四个垃圾袋，太浪费；父母上班辛苦，回来还要做好垃圾分类，短期内能坚持，长期就松懈了。于是在这个阶段进行"细胞活动"，全班通过对话交流，进行智慧分享。通过"小实验"的方式对垃圾分类中遭遇的几个问题进行着重解决，体现了学生主人翁的意识。相信只要有恒心，用心去思考，集思广益，我们总能将垃圾分类进行到底。

③ 高年级注重创新式活动

班主任着重引导学生在传统活动的基础上用心观察、分析与反思，在活动的内容、形式等方面有突破，围绕趣味性开展创意思考，使活动更具吸引力，激发大家主动参与、主动感悟的热情。

案例研究

垃圾分类"七星行"

活动目标：

1. 了解垃圾分类的重要性和紧迫性，通过开展垃圾分类主题教育活动，提高学生做好垃圾分类的自觉行为，加强生态环保意识，提升环保责任感。

2. 通过调查问卷、课程码书、校园提案、家班共育等丰富的形式培养学生调查研究、设计统筹、信息运用、团队合作、思维辨析等综合素养，提升学生活动创造力及自主探究精神，培养合格小公民。

活动过程：

第一阶段：问卷调查探究竟，分类知识先自学。这一阶段学生通过调查问卷，了解垃圾分类的城市现状，梳理问题后借助晨会课进行交流，在同伴中寻找共鸣。借助 UMU 互动学习平台的自测功能，在自主学习生活垃圾分类知识后进行自我检测，培养学生养成自学、自测、自检验的生态环保学习好习惯。

第二阶段：垃圾分类我谋划，多样精彩显智慧。这一阶段主要做好"手拉手，做好垃圾分类"的"一四牵手"活动。最主要是撰写校园提案，主要从"缘由—内容—策略"三步走，完成学校少代会提案，提出校园垃圾分类整改建议和解决方法。提案主要涉及班级垃圾桶、办公室垃圾桶、校园垃圾箱(总)的整改建议，意图将活动还给学生，锻炼学生的问题解决力，充分激发学生的活动自主性、思维创新力、团队合作力。

第三阶段：多样牵手齐行动，垃圾分类护家园。这一阶段主要针对家长在家不坚持做好垃圾分类，而且还阻挠学生做好垃圾分类的问题，开展"小手牵大手"活动，带领家长参观梅陇镇湿垃圾中转站，开展带着中队和父母一起去参观的实践体验活动。同时设立亲子岗位互评价，设立"'七星'牵手，齐心环保周"星星榜，评选最佳班级"环保小卫士"和最佳班级"环保明星家庭"。

通过上述分年段的三种不同方式，我们可以看到年龄不同，活动目标不同，低年级侧重在实践中体验垃圾分类知识积累的乐趣，通过游戏 app 竞答巩固和厘清垃圾分类知识，并再次学以致用，在班级中，在家庭中以行动来实践新知，分享垃圾分类成功的乐趣。中年级侧重浸润式活动，在教师的引领下，学生通过深入思考，根据实际来调整活动的主要内容与方向，发现真问题，解决真问题。这样的主题活动更新了"要我活动"到"我要活动"理念，对于学生的成长具有重要意义。高年级侧重创新式活动，融入更多的信息媒体素养，根据学生的年龄特点结合大数据时代创新活动的方式，提升学生的自主学习能力与创新能力。学生从知识的获得到问题的解决及环保视野的拓宽都可以从多元化的信息平台去实现，也可以将自己的活动方案或者自己的思考上传至平台，实现共享、互助、互惠。

5. 长程活动搭设"思辨型班会"的"仁爱感悟"平台

主题班会是长程主题活动的节点性教育活动。每周都有一节主题班会。它是在班主任的主导下，以学生为主体，根据学生的兴趣和身心发展特点，围绕某一个主题，有计划、有目的地开展形式多样、内容丰富且情境化的道德认知教育，引导学生在认知冲突和思想对话中进行道德交往、激发道德反应、获得道德体验、促进道德发展的活动，助力班主任的建班育人。

（1）给学生思想交流的时间

在秋季实践活动过程中，很多班主任都会指导学生自由组队，以小组的形式开展活动或者是完成一些任务。在这个过程中，我们发现了很多问题，比如一些平时行为规范不太好的同学，就不太受同学的欢迎。当然也有一部分小组表现得非常友善，他们会主动邀请这部分同学参与他们小组的活动。但是在实际活动中，他们还是发生了各种各样的状况。

班主任该如何通过主题班会来提高学生对于友善的认知，形成友善的班级文化？接下来，我们结合一节主题班会具体了解一下主题班会的教育价值。

出示教学图片,如图3-3所示。

图3-3　友善问题来发现

> 环节一:观看漫画　寻找问题
> 小鸡说:早知这样,当初就不让他进我们队了!
> 小猪说:就是小松鼠不配合!
> <u>当与小队利益冲突的时候,就嫌弃他人,没有想过如何帮助他人融入。</u>
> 小松鼠说:我玩一会儿怎么了?
> <u>当"自由心"迸发的时候,就忘记了自己是小队的一员。</u>
> 我们可以看到,当与利益冲突的时候,学生的友善问题就呈现出来了。
> **教育价值一:引导学生开展自我教育**

小学生年龄小,其认知思维处在具体形象思维向抽象逻辑思维过渡的阶段,并随着年龄和经验的增长不断发生变化。所以,在小学阶段开设主题班会必须考虑到小学各个年龄阶段学生的发展特征。

针对二年级小学生,我们利用漫画还原了学生友善问题的真实事件情境。我们清楚地知道,漫画中发生在小动物身上的问题,其实就是学生的真实问题,我们只是借助漫画这样一种形式,让学生以旁观者的角度更加清晰地去发现问题:当小队利益发生冲突时,队员们还是会不经意间流露出对伙伴的"嫌弃"。而被"嫌弃"的队员也忘记了自己是集体的一员,应该为小队争光。友善是相互的,通过情境化的故事呈现,让学生在发现问题的过程中进行自我教育。

我们来看第二个环节设计,在这个环节中,我们通过组织学生进行讨论和交流,为小动物们出谋划策,从中帮助小动物们找到完成小队任务的前提条件就是要有一个团结协作的集体,碰到问题要用友善的态度去解决,去沟通,这就是有效沟通的"三有原则":有话好好说,有事好商量,有理让三分。这就是学生在日常生活中也需要用这些方法来进行有效的沟通,建立和谐友善的人际关系。

环节二:交流讨论 出谋划策

小动物们有没有真正接受小松鼠?

小松鼠身上有什么问题?

你有什么好的建议给小动物们?

有话好好说

有事好商量

有理让三分

教育价值二:帮助学生获得友善的方法

环节三:小组归纳 友善标准

评 价 内 容
微笑待人,避免摩擦
懂得谦让,不起争执
换位思考,包容他人
主动关爱,帮助他人

教育价值三:提高学生对于友善价值观的认知

友善是指朋友间亲近和睦,具体理解为人与人之间交往要做到善意待人、和气待人、宽厚待人、平等待人,是维护和谐交际秩序的前提和基础。对班级而言,是建设温馨和谐的班集体的基础。

通过第三个环节,我们可以引导学生结合自身的生活体验和今天学习到的友善方法来制定班级日常生活中可以践行的友善行为标准,以便在今后的学习生活中来指导自己的友善行为,逐步树立正确的友善价值观。

"藏在规矩里的亲爱"主题班会案例分享

小筷子大学问

上海市闵行区实验小学 陆风洁

序列活动主要内容

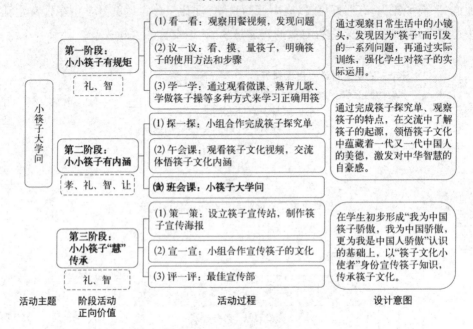

图3-4 "小筷子大学问"序列活动主要内容

一、主题解析

本次主题班会课针对文明用餐习惯养成过程中产生的"文明用筷"新问题,引导学生以文明用筷为出发点,进一步深化对规矩的认知,在内化于心,外化于行的养成过程中激发学生对用筷礼仪的情感。

二、目标确定

认知目标:通过情境创设,认识到文明用筷的重要性,了解正确的用筷礼仪和用餐礼仪。

情感目标:通过情境辨析、交流互动,感悟筷子的文化内涵与情感寓意,激发学生乐于规范用筷、文明用筷的热情。

行为目标:通过情境演绎,掌握与伙伴交往的正确方法,做到友善交往。

三、过程设计

热身导入：播放前期活动视频

1. 交流：你在视频中看到了什么？有什么收获？

2. 教师小结：在前期的活动中,我们已经学会了如何正确地使用筷子,还对筷子背后的文化有了一定的了解。

环节一："筷"来行动

1. 出示漫画《小猴的烦恼》。

2. 学生交流。

(1) 小猴的烦恼是什么？

(2) 小猴错在哪儿？

(3) 只有小猴做错了吗？

3. 教师小结。

设计意图：

通过趣味漫画创设情境,引导学生思辨,培养孩子的倾听和表达能力,激发学习兴趣,使学生明白不仅要关注用筷本身,更要注重用筷礼仪和人际交往问题,让学生在交流互动中体会到小小筷子背后的大学问。

环节二："筷"学礼仪

(一) 学习用筷礼仪

1. 小组分享。

2. 学生交流。

(1) 你听到了什么？

(2) 谁有补充？

3. 小游戏互动。

4. 教师小结。

(二) 学习交往礼仪

1. 思考交流：如果你是同桌小狗,你会怎么和小猴说,让他更容易接受？

2. 同桌演绎,解决问题。

3. 教师小结。

(三) 学习用餐礼仪

1. 播放视频《奶奶对我说》。

2. 思考交流：你们又学到了哪些知识？

3. 出示求助卡。

4. 情境辨析：我到底应该等奶奶一起吃还是赶紧吃完去上课？

(1) 有什么解决方法？

(2) 如果爸爸很晚回家怎么办？

5. 教师小结。

设计意图：

通过小组分享、角色扮演、游戏体验、观看视频、辨析讨论等方式解决学生在用筷礼仪、用餐礼仪和人际交往中的问题，明晰正确的用筷礼仪、用餐礼仪，培养学生自主分析、解决问题的能力。

环节三："筷"来传递

1. 播放视频《筷子》。

2. 学生交流。

3. 教师小结：筷子，这简单的两根木条，却承载了满满的中国幸福味。小小的筷子有着大大的学问，它是传承，是幸福，更是团圆。

设计意图：

通过观看视频，让学生感受筷子承载的文化内涵，领悟筷子文化中蕴藏着一代又一代中国人的美德，从而激发对中国智慧的自豪感。

四、板书设计

小筷子大学问

规范用筷更有礼

文明交往更友善

正确用餐更愉快

五、评价设计

表 3－23　评选最佳"用筷小能手"

评价标准	自　评	同伴评	家长评
1. 能持握，巧夹取	★★★	★★★	★★★
2. 知餐规，守餐序	★★★	★★★	★★★
3. 识筷礼，传筷道	★★★	★★★	★★★

组队进行曲

上海市闵行区航华第一小学　陆佳楠

一、主题解析

本活动以学校四季活动——种植合欢花为大背景,引导学生遵守规则,并且在践行过程中厚植友善之心,学会尊重他人,为他人着想。大家互帮互助,共同奉献,才能发挥集体的力量,取得满满的收获,从而与他人建立良好的关系,感受到同伴间的温暖和力量,增强对集体的归属感和荣誉感。

二、目标确定

认知目标:通过观看漫画和交流讨论,知道组建小队时要尊重他人的意愿,人尽其职;明白小队的规则需要共同协商,要求明确;感悟维护规则时懂得相互体谅、互帮互助。

情感目标:通过思辨讨论,感受到同伴间互相尊重、互相支持、互相帮助的温暖和力量,进一步提升友善待人、团结互助的意识。

行为目标:通过解决情境问题和完善规则,使规则更具温度;能够在日常生活中运用与人相处的正确方式,践行友善。

三、过程设计

环节一:视频回顾忆美好

1. 观看前期活动视频,回顾讨论内容。

2. 交流:印象深刻的事及感受。

3. 小结:在合作的过程中,一定会有欢笑,也会有烦恼。出现问题时大家一起去解决它,这是小队合作必不可少的环节。

4. 教师揭题:《组队进行曲》。

设计意图:

在回顾和交流感受中,唤起学生的活动体验,为接下来的讨论交流做好铺垫。

环节二:组队启航知尊重

漫画故事:《退群风波》

1. 说一说:故事中的小队遇到了什么问题?

2. 猜一猜:小A退群时是怎么想的?

3. 听一听:小A的心声。

4. 想一想:你有什么方法解决问题?

5. 找一找：在后续故事中,你发现还有什么做法值得我们学习?

6. 小结：组建小队是开展活动前需要重视的第一个环节。在建队时,我们要遵守尊重他人意愿的原则,而人尽其才则是招募队员时的标准。

设计意图：

通过情景问题的解决,让学生知道要根据个人意愿和自身特长来进行小队的组建。明白尊重是与人建立良好关系的基本原则,在集体中只有互相尊重,才能凝心聚力,建立有向心力的队伍。

环节三：维护规则悟友善

1. 漫画故事：《失效的规则》。

(1) 交流：为什么大家没有遵守队长制定的规则,甚至还有人提出了质疑?

(2) 讨论：该不该由队长来制定规则?

(3) 实践：针对漫画中的问题,请在小队中进行协商,制定一个更合理的规定。

(4) 小结：规则可以维护秩序,确保公平公正,并提供大家履行职责的参考标准。只有大家都承认和遵守,规则才会存在。因此,小队在制定规则时不应由一人说了算,应该群策群力,得出公认贴切的规则(板贴：要求贴切)。这样规则才会有力度,在小队活动中发挥作用。

2. 情景故事我来辨。

(1) 问题：故事中的小 D 违反规则了吗?

(2) 出示后续故事,讨论：听了他们的话,你有什么感受?

(3) 小结：当队员想要遵守规则,但无法达成时,我们更应去包容对方,体谅他的难处。小队合作需要大家互相支持、互相帮助,共同奉献,这样不仅能促成合作,更能收获一个有温度的集体。

设计意图：

通过思辨讨论和情景辨析,明白制定规则需要小队成员共同协商,公认且贴切的规则才能有效。遇到难处时要学会为他人着想,互帮互助,在团队中共同奉献,一起朝着共同的目标进发。

环节四：助力合欢共成长

1. 制作合欢公约树。

(1) 回顾课堂,畅谈收获。

(2) 小队完善规则,并记录在合欢花卡片上,张贴在公约树上。

2. 小结：你们瞧,我们的合欢公约树开花啦。这是大家经过共同的努力,开出的第一朵花。课后,我们一起将这棵公约树贴在班级种植角中。希望在之后的种植活动中,大家都能遵守公约,在规则的引领下践行友善,成就一支支团结的小队,老师非常期待合欢花在大家有爱的呵护下绽放出美丽的笑容。

设计意图:

通过完善规则,引导学生实践制定规则的方法,学会制定有力度、有温度的规则。通过携手绘制合欢公约树,为之后的活动做好铺垫,让学生清楚在遵守共同制定的规则的同时,要团结同学,愿意包容,践行友善。

四、板书设计

组队进行曲

组队伍	互相尊重	人尽其才
定规则	共同协商	要求贴切
护规则	体谅难处	及时补位

快乐帮帮帮

上海交通大学附属闵行马桥实验学校　陆荟洁

一、主题解析

"助人为乐"作为一项重要的传统美德,应当成为公民层面的道德规范与价值取向。青少年学生应当将社会主义核心价值观中的"友善"内化于心、外化于行,形成尊重他人、乐于助人的良好品质。本次主题班会课"快乐帮帮帮",旨在激发学生乐于助人的积极行为,引导学生弘扬宽容的中华民族传统美德,激发学生学习中华优秀传统文化,提高处理人际交往能力,促进人际关系和谐发展,自觉遵守爱国、敬业、诚信、友善作为公民层面的价值准则,促进他们的助人行为,学会助人的礼仪、技巧等,感受到助人的愉悦感。

二、目标确定

认知目标:通过助人小调查和故事分享,感受帮助他人的积极情感体验。

情感目标:通过绘本故事交流,激发帮助他人的主动意识和积极性,同时懂得帮助他人时应做到有礼有节。

行为目标:通过情境辨析,学会适时、适度地帮助他人,树立智慧助人的交往意识,进一步完善人际交往关系。

三、过程设计

环节一：小调查，乐助人

1.前期视频回顾。

2.小调查，讲故事。

(1)出示班级助人经历饼状图，交流分享。

(2)出示词云图，交流体验。

3.点评小结：助人为乐也要用对方法，这样才能让大家感受到真正的快乐。

设计意图：

引导学生交流分享助人为乐的小故事，感悟助人为乐所产生的积极情感体验，帮助他人不仅会给他人带来方便，也能给自己带来快乐，从而树立积极主动的人际交往观念。

环节二：小故事，礼相帮

1.出示绘本故事《助人风波1》。

2.学生观看，交流1：丽丽为什么不开心呢？

3.同桌讨论，交流2：你有什么话想对明明说呢？

4.小结。

5.出示绘本故事《助人风波2》。

6.小组讨论：对于明明的疑惑，你有什么想对他说的吗？

7.小结：我们共同学习生活在一个集体中，在与同学的相处中，我们应该互帮互助，但也要注意有礼有节。

设计意图：

通过辨析学校生活中的真实案例，感知帮助他人时互相尊重的重要性，同时，也认识到在助人之后，不应将助人行为到处宣扬，进而深刻理解助人时应注意有礼有节。

环节三：小思辨，"慧"助人

1.出示图片故事《帮还是不帮？》。

2.思考交流1：如果遇到这样的情况，你是否会帮助小女孩？为什么？

①预设：会帮助。助人为乐是美德；帮助小女孩是我力所能及的。

②预设：不会帮。是新型的拐骗手段；妈妈告诫我不能随便帮助陌生人。

3.思考交流2：如果是真的需要帮助的，该怎么既帮了她又保护了自己的安全？

4.小结。

设计意图：

通过案例辨析，进一步增强自身的助人意识，当他人需要而自己力所能及时，应及时向他人求助。此外,助人过程中要注意自身安全,进一步树立智慧助人的交往意识。

四、板书设计

快乐帮帮帮

会尊重　善沟通

懂团结　不宣扬

量力行　智慧帮

五、评价设计

表 3‐24　评选最佳"助人小达人"

评 价 标 准	师 评	自 评
1. 会尊重,善沟通	★	★
2. 懂团结,不宣扬	★	★
3. 量力行,智慧帮	★	★

（2）给学生自我教育的空间

许多教育专家说过,教育要让学生能够自我教育。陶行知先生也说过,教育最后要达到自己教育自己。要实现这一点,一定要让学生参与整个教育的过程。而能吸引学生参与进来的,必然是学生熟悉的生活,这个话题必定是孩子熟悉的话题。

"难忘一刻"主题班会中,大家讨论选谁参加校跳绳比赛。学生各自谈了自己的看法。对于选择"淘汰制方式"的学生,有的说,如果不能当正式队员,可以当陪练,在一旁找找队员跳得不好的地方,让他们跳得更好;还有的说,我也没有入选,但我每天在家里练习,让自己的技术提高,然后再向小队长提出参加比赛要求,现在我也成为正式队员了;有的小队长甚至这么说,虽然我是小队长,但我也愿意放弃跳绳,因为集体最大。对于选择"轮换跳"方式的学生,他们认为,虽然轮换跳不能很快提高成绩,但每个队员在这个过程中很快乐,目标实现的过程中,最快乐的是收获了友谊,而不是目标是否实现;当然也有的学生提出,如果每个队员都轮换跳,在短时间内很难训练出跳绳高手,就不容易取得好成绩,这会影响集体荣誉……

其中有个学生提出了与众不同的看法,他认为两个小队的做法都是对的,要看他们是怎么想的。他提出要进行换位思考,学会理解小队制定的规则,如果小队选择的是淘汰方法,我们可以自己努力,让自己更棒;如果小队选择的是轮换跳,那我们也应该努力练习,不让小队长为难……

面对学生多元、多角度的看法,我们觉得最重要的不是两难问题怎么去解决,而是我们是否给了学生成长的体验,让他们学会了思考,学会了在两难问题中合理地判断、选择,从而真正地发展。

 "藏在生命中的博爱"主题班会案例分享

课间趣时光　规则守身边

上海师范大学附属闵行第三小学南校　叶琦雯

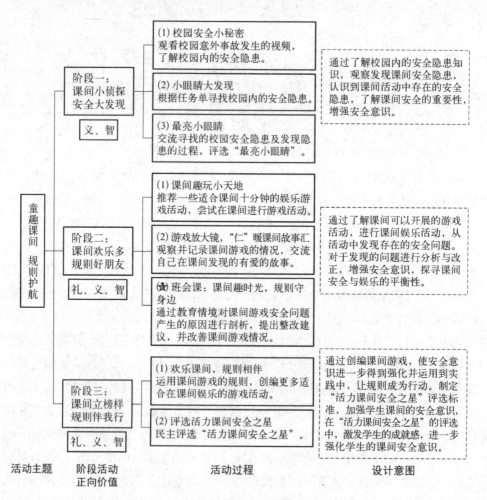

图3-5 "童趣课间 规则护航"序列活动内容

一、主题解析

有序的课间活动对于深化社会主义核心价值观教育、构建和谐关系、建设温馨班集体有着重要意义,不仅能促进学生之间的交流互动,增强同学情谊,还能有效避免因无序活动而引发的意外伤害。本活动旨在引导学生了解课间游戏安全的重要性,增强安全意识,在课间游戏中自觉遵守安全规则,为学生的规则养成教育打下坚实的基础。

二、目标确定

认知目标:通过观察思辨,了解课间游戏安全的重要性,知道课间游戏应具备的要素,明确课间安全准则和游戏中伙伴和谐相处之道。

情感目标:通过讨论和交流,激发课间安全游戏的愿望,乐于在安全的基础上开发快乐有趣的课间游戏。

行为目标:通过模拟游戏和互相点评,在课间游戏中自觉遵守安全规则,对于不安全行为及时提醒,并提出有效建议。

三、过程设计

环节一:课间十分钟,快乐大探秘

1. 看一看:课间欢乐玩耍的视频。

2. 小结:相信欢乐的课间,一定给大家留下了快乐的回忆。但发生了这样一件事,让我们一起去看看吧。

设计意图:

借助展示课间欢乐玩耍的视频,唤起学生对课间活动的关注与回忆,进而引导学生感受课间的欢乐。潜移默化地让学生领悟到只有保障课间安全,才能在课间活动中享受到快乐,为后续深入探讨如何实现既富有趣味又安全的课间游戏做好铺垫。

环节二:课间小插曲,锦囊来相助

1. 播放视频故事

师:这个故事你看懂了吗?原本应该带来快乐的课间游戏,怎么会让阳阳和光光这两个好朋友闹得如此不愉快呢?

2. 交流

第一小组:解决大声玩游戏问题。

第二小组:解决场所选择不正确的问题。

第三小组:解决不友好沟通问题。

出示三锦囊："声有控""玩有度""行有规"。

设计意图：

通过课间游戏小故事，以发现课间游戏存在的安全问题，并深入探讨交流课间不愉快的原因，旨在引导学生高度关注课间游戏安全问题，切实增强安全意识，进而更加深刻地认同课间游戏安全的重要性。

环节三："阳光小屋"棋，安全伴我行

图3-6　"阳光小屋"飞行棋

1. 出示"阳光小屋"飞行棋

（1）交流规则。

（2）以四人小组为单位进行游戏。

（3）评选"活力课间文明小组"。

2. 播放微信留言《玩游戏的声音》

（1）增加锦囊要求。

（2）总结。

设计意图：

针对环节二中讨论出来的三个锦囊妙计，即"玩有度""行有规""声有控"进行巩固。让学生在正常课间游戏活动中运用这些锦囊，以此培养学生在课间游戏中遵守安全规则的意识和行为习惯，增强学生对课间安全游戏的愉悦感与满足感，进一步强化安全意识。

四、板书设计

课间趣时光　规则守身边

快乐　⇌　不快 ❓

声有控——音量有控制

玩有度——游戏场所选择正确　⇔　我自觉

行有规——友好沟通

五、评价设计

表 3-25　评选"活力课间文明小组"

锦囊运用	要　　求	星　数
声有控	自己控制音量	☆
	提醒他人控制音量	☆
	小组整体音量适中	☆
玩有度	能按规则玩游戏	☆
	玩游戏有秩序	☆
	玩游戏不超时	☆
行有规	尊重他人	☆
	友好交流	☆
	团结协作	☆
附加星	（小朋友现场填写）	☆
我自觉	自觉遵守"三锦囊"	☆

小小调音师

上海市七宝实验小学　陆　蕾

一、主题解析

《中小学德育工作指南》中明确指出,要教育和引导学生养成基本的文明行为习惯,形成自信向上、诚实勇敢、有责任心等良好品质。本活动旨在引导学生根据具体场合用合适的音量得体交流,并在日常学习和生活中努力做到用合适的音量说话,这样才能减少噪声,不打扰他人,逐步培养学生养成控制音量,不在公共场合制造声音污染的好习惯,提高学生的文明素养。

二、目标确定

认知目标:通过观看动画分析问题。借助声音分贝的知识,联系生活实际,理解不同场合应使用不同的音量,发出的声音不能打扰别人是社交文明的体现。

情感目标:通过学生自主探究、思辨、情景模拟等形式,增强学生对文明行为的情感认同,提升规则意识。

行为目标:通过问题解决,学会在生活中控制音量,得体表达,并能在生活中践行,共同营造文明环境。

三、过程设计

环节一:声音收集师

观看动画,讨论交流:

1. 播放动画

想一想:看了刚才的视频,你发现了什么?

2. 科普分贝小知识

我们有一个用来度量声音强弱的单位,叫分贝。

3. 播放视频:噪声的危害

这些小动物在课间发出了高分贝的声音,我们称之为噪声。噪声对我们的身体是有影响的,我们一起来了解一下。

想一想:了解了噪声的危害,你想对小动物们说什么?

设计意图:

以动画引入,让学生去感受,借助声音分贝的知识科普,让学生了解不同的声音会给人带来不同的感受。再让学生从科学的角度去深入了解噪声及其危害,体会调控音量的重要性和必要性。

环节二：小小辨音师

1. 出示小狐狸的烦恼

（1）播放故事

想一想：小狐狸在烦恼什么？

（2）出示四个场景，辨一辨

想一想：这几个场合你知道应该用怎样的声音吗？

（3）小组讨论：你还知道哪些场景应该使用这样的声音？

2. 出示小青蛙的歌声

播放视频《小青蛙合唱团》。

设计意图：

通过小狐狸的烦恼，引导学生思考什么场合该发出多大的声音，并能拓展到实际生活当中，知道什么场合用多大的声音。

环节三：小小调音师

1. 学做小小调音师

（1）学生讨论：在以下几个场景中，该怎么发声呢？

（出示场景：A. 排队拿饭；B. 课间；C. 电影院）

（2）演一演，评一评

教师总结：老师祝贺你们今天都成为一名出色的小小调音师。

2. 寻找动听的校园声音

找一找：校园里哪些声音是动听的？

设计意图：

实践是检验真理的标准，让学生在不同的情境中，通过演一演的方式，学会在不同的场合运用相对应的声音，减少噪声产生，体现小学生的文明素养。

四、板书设计

小小调音师

适配场景

静无声　自习　看书　听讲……

分场合　　轻轻说　办公室　小组讨论……

不影响他人　自信说　回答问题　讲故事……

放声说　运动会加油　游乐场……

点亮指尖文明

上海师范大学康城实验学校 赵如雪

一、主题解析

《中小学德育工作指南》提出,"要加强对学生进行网络道德和网络法治教育,引导学生自觉践行《全国青少年网络文明公约》,合理使用互联网和手机"。网络安全教育不仅是国家和社会对小学教育教学活动提出的要求,也是当代青少年健康成长的迫切需要,是落实立德树人这一根本德育任务的必然之举。本活动旨在培养学生网络安全意识和自我保护意识,提升信息分辨能力。

二、活动目标

认知目标:了解常用 app,正确认识 app 的功能,明确正确使用 app 可以给我们带来欢乐。

情感目标:通过情境演绎,思辨如何合理使用 app,文明评论,了解合理使用 app 的范例。

行为目标:学习合理使用 app 的方法,学会在使用 app 时如何文明评论,以及遭到不文明评论时如何应对。

三、过程设计

环节一:"抖"出指尖欢乐

(一)了解常用 app

1. 视频介绍:什么是 app。

2. 出示青少年常用 app 图片。

(二)发现问题,辨析原因

1. 讨论:怎样使用 app?

2. 讨论:有人认为它是 21 世纪的精神鸦片。你们怎么看?

(三)优质内容推荐

出示抖音优质内容截图。

设计意图:

介绍 app,了解常用 app,以"抖音"为例介绍如何使用,引导学生正确认识 app。

环节二:握住指尖缰绳

(一)情境演绎

小米因未能合理安排时间,看短视频耽误了写作业而与妈妈发生分歧。

（二）讨论辨析

1. 讨论：小米同学的苦恼你们理解吗？你们有没有类似的经历呢？

2. 播放视频，通过故事讲解什么是大数据精准推送。

（三）给出建议

1. 教师建议。

2. 学生建议。

3. 小结。

（四）经验分享

1. 合理使用 app 的优秀经验。

2. 总结。

设计意图：

通过情境演绎启发学生思辨，明确不合理使用 app 的危害，了解背后原因，学习相应的方法。

环节三：评出指尖文明

（一）发现问题，换位思考

1. 出示图片：灿灿在社交媒体发布自己的下厨视频后，收到各种评论。其中有一条"看着太恶心了"，让他非常难过。

2. 讨论：如果你是视频中的发布者灿灿，看了这些评论，你会怎么想？

3. 小结。

（二）新闻拓展，引发思辨

1. 出示图片。

2. 播放新闻视频《一女子打赏外卖员 200 元被网暴跳楼自杀》。

3. 讨论：一条鲜活的生命就这样离开了。是什么造成了她的悲剧呢？

4. 小结：恶语伤人六月寒，在网上更是如此。

（三）情境再现，如何应对

1. 讨论：看了灿灿的故事和这则新闻，同学们以后会怎样发表评论呢？

2. 小结：遇到不了解、不确定的情况，要谨慎评论，站在对方的角度多想一想；评论内容应该积极向上，还可以加上可爱的表情，方便他人理解，避免误会。

（四）再次换位，了解方法

1. 讨论：如果我们遇到类似的评论，该怎么做呢？

学生交流各自做法。

2. 小结。

设计意图：

通过班级常见例子和近期新闻，逐步体会网络恶评可能带来的巨大伤害，换位思考，切身体会发布者和评论者的立场，学会如何文明评论，如何应对不当评论的方法。

（3）给学生思维成长的支架

学生的讨论要顺着一个方向，学生发言肯定是多元的、发散的，如果班主任没有引导，可能一节课问题一大堆，结果什么都没解决。在这个过程中，班主任要有方向地引导，还有点拨，讨论不下去的，大家遇到困惑的，班主任一定要有一个点拨。同时对学生的发言，班主任要不断地肯定和强化学生发言当中好的思维、闪光的思想。这是正确的价值引领。

学生与家长要求重新安排座位，从表面看，大家希望有一个良好的学习环境，这很正常。但从深层来看，这是个以什么标准来看待人的问题。在"美伴随我们成长"主题班会上，老师出示了一份字迹比较难看的作业，问学生："你们看，这是'美'吗？"学生都大笑起来："一点都不美，太难看了！"老师又出示一份说："那，这份作业呢？""比前面的作业好一点，但也不美。"其实这两份作业是同一个小朋友写的，学生发现进步也是一种美。

在"可爱的同桌"主题班会上，老师欣慰地看到，学生逐渐意识到了每一个人身上都有美，不但学习成绩好是美的，乐意助人、做事利索、体育竞赛获奖……也都是美的，一下子，学生眼中的好同学变得多姿多态了，从学习延伸到了学校生活的其他方面，深入人的内心。特别是一个学生说道："我的成绩虽然好，但不喜欢做手工，动手能力比较差，而我的同桌，虽然成绩不够理想，但他的手很巧，在手工课上总是热心地指导我，现在我的动手能力也提高了。你看，美也是可以相互传递的。"

"我们是一对好同桌"的主题班会，要求讲述同桌互帮互进的故事，并评选好同桌。小姚和小双因为互相帮助、互相体谅竟被评为"最佳拍档"。

在期末的"我＋你＝……"的主题班会上，学生总结了自己选择同桌后的收获——学会了如何与不同的人交往，学会了发现别人更多的优点，学会了主动地合作进步……

老师有极强的教育敏感性，在发现学生成长中的问题之后，将其作为教育的契机，以此为核心，组成了一学期的四个有关联的系列班队会主题，寻"美"—赞

"美"—创"美"—获"美",形成前后关联、富有逻辑性的系列化方案。这不仅让个体进步,更是让整个集体得到成长,逐渐形成积极向上的班级氛围。

 "藏在红色里的大爱"主题班会分享

红娃爱国旗

上海市闵行区北桥中心小学　李嘉怡

一、主题解析

爱国主义是中华民族的民族心、民族魂,是中华民族最重要的精神财富,以爱国旗为切入口开展爱国主义教育可以帮助学生形成对国家和民族的正确认识。通过本次活动,让学生知道国旗的来历、意义,爱国旗就是爱祖国,从思想上到行动上都统一起来是非常重要的。

二、目标确定

认知目标:通过交流与回顾,了解国旗是国家的象征,明白每个人都要尊重国旗,爱护国旗。

情感目标:通过讨论与辨析,激发学生热爱国旗、热爱祖国的情感,并为祖国感到骄傲。

行为目标:通过情境问题解决,学会正确的爱护国旗的方法,从身边的小事做起,主动养成爱护国旗的习惯,努力为国旗添彩。

三、过程设计

环节一:知国旗,激爱国情

1. 猜谜语,知国旗

"红色旗帜高高挂,五颗星星放光华,祖国在我心中,民族复兴展宏图。"

2. 共交流,议国旗

你对国旗有哪些了解?

3. 揭课题,护国旗

(1) 介绍卡通人物阳宝。

小朋友们,大家好,我是阳宝,很高兴和大家一起参加本次护旗活动,让我们赶紧去瞧瞧吧!

(2) 揭示课题"红娃爱国旗"。

设计意图：

通过回顾和学习,加深学生对国旗的认识,增强对国旗的尊重,从而激发他们的爱国情感。

环节二：敬国旗,知爱国行

1. 交流：你们在哪里看到过升旗仪式？

2. 采访

(1) 哪些同学参加过天安门升旗仪式？

(2) 说一说参加天安门升旗仪式的感受。

3. 照片对比

(1) 阳宝出示照片,交流感受。

(2) 播放录音,学生辨析。

(3) 小组讨论：如果你身边出现了这样的小朋友,你会怎么做？

(4) 我们在升旗仪式上应该怎么站呢？

(5) 出示天安门广场上行注目礼的图片：面向国旗行注目礼。

设计意图：

升旗仪式是向国旗致敬、表达爱国情感的一种庄重仪式,通过参与活动,学生能够更加深刻地认识到自己与国家的紧密联系,增强对国家的认同感和归属感。通过辨析的形式,引导学生明确如何以正确、文明的方式表达自己的爱国情感。

环节三：护国旗,践爱国行

1. 出示情境"小小国旗我爱你"

(1) 小朋友们,你们喜欢漫画里哪个小朋友的小国旗呀？说说你的理由。

(2) 回收起来的小国旗我们应该如何保存呢？

(3) 我们还可以怎么处理这些小国旗呢？我们先来看一段视频,看看它能不能给你一些启发。

2. 播放视频：《天安门广场上的国旗去哪儿了？》

设计意图：

通过联系自身生活经验,明白国旗作为国家的象征,承载着国家的尊严和民族的骄傲。在日常生活中,我们每个人都应当自觉爱护国旗。

环节四：亮国旗,立爱国志

1. 亮国旗,我知道

(1) 视频展示：各行各业劳动者的活动。

（2）交流：说一说他们是如何让国旗更加鲜艳的？

（3）小结。

2. 亮国旗，我努力

作为小学生的我们还能做些什么呢？

（1）出示图片（看书、上课、打扫卫生）。

（2）小组合作讨论：画一画大家都能做到的情况。

（3）交流：说一说我们在哪些方面做得很好，哪些方面还需要努力。

（4）小结。

设计意图：

本环节主要是让学生把教育点落到自己身边的小事上，让他们知道爱国其实并不是口上说说而已，爱国离我们不遥远，也不是长大以后才能做的。爱国就是学生能做的所有的积极、阳光的小事，理解爱国旗、爱祖国的真谛。

四、板书设计

红 娃 爱 国 旗

知国旗

敬国旗 人人有责

护国旗 人人尽责

亮国旗

非遗筑梦一"漆"来

上海市闵行区实验小学 冯 颖

一、主题解析

以"非遗筑梦"活动为依托，带领学生参观、走访上海非遗展馆，了解"非遗"的品类与内容，使学生初步了解非遗，产生兴趣。本次活动以漆艺为重要载体，引导学生在小队活动中实际体验，了解"漆艺"及其背后传承的故事，从而培养学生热爱非遗文化，提升弘扬和传承非遗技艺的责任感，树立文化自信。

二、目标确定

认知目标：通过交流、实践、比赛等，学生知道漆艺的相关知识和制作过程，了解漆器中蕴含的传统文化魅力。

情感目标：在交流分享中，感受非遗传人的责任感和工匠精神，增强保护和传承非遗文化的使命感,树立文化自信。

行为目标:通过活动分享,从自身做起宣传校园非遗,以实际行动做非遗文化代言人。

三、过程设计

环节一:漆艺探究有收获

1.交流:在参观上海漆艺博物馆的过程中,你印象最深刻的是什么?

2.智慧笔漆艺知识竞答。

3.学生交流答案与选择答案的原因。

4.播放视频《漆艺 Japan? China?》,交流感受。

设计意图:

通过回顾前期活动,加深对非遗品类的认识。通过智慧笔知识竞答,直观了解学生对漆艺基本知识的了解情况,从源自中国的漆器英文名为"japan"的困惑中,激发学生对漆艺更多的了解兴趣。

环节二:漆艺文化"活"起来

(一)共赏漆之形

1.欣赏传统漆艺作品。

2.交流感受。

预设:漆艺作品的色彩、纹样等方面独具中国传统特色。

教师小结:这些精美的漆器,离不开匠人们的精心制作,承载着我们中华民族代代相传的独有审美,可真是独具匠心,富有中华雅韵。(板书:漆之形　赏中华雅韵)

(二)细品漆之艺

1.学生展示自己制作的漆艺作品,分享制作感受,学生评价。

2.对比传统漆艺作品,学生交流感受。

教师小结:匠人们的作品凝聚着古人智慧,而同学们的作品个性十足,大胆创新,展现的是每个人独特的智慧。这汇聚在一起就是我们的中国智慧。(板书:漆之艺　聚中国智慧)

3.小组合作制作漂流漆书签,交流感受。

教师小结:分工合作一起来,才能把漂流漆书签做得更精美。这些精美的作品背后是每个小组的集体智慧。

（三）齐扬漆之情

1. 播放视频《漆器的诞生》。

2. 学生排序漆器制作过程。

教师小结：在一代又一代匠人的坚守中，漆艺发扬光大，巧夺天工的漆器背后离不开匠人们的坚持不懈和精益求精的精神。

3. 观看校园非遗纪录片《漆艺千年，代代相传》。

4. 交流采访问题，现场连线采访漆艺工坊负责人许老师。

教师小结：漆艺在许老师的带领下正发扬光大，也正是有无数像许老师一样默默坚持的非遗传人，我们国家的各项非遗技艺才能继续绽放光彩。

（板书：漆之情　扬工匠精神）

设计意图：

漆艺对现在的学生而言距离较远，很多同学并没有意识到保护非遗的重要性。通过照片这样直观的方式，欣赏传世漆器，引导学生从色彩、纹样、造型等方面发现其中所蕴含的民族传统审美；对比古今匠人，联系亲身体验，体验漆艺的乐趣，明白每一项传统技艺的背后都蕴藏着代代中国人的智慧；通过视频和与漆艺社团负责人许老师的互动，了解一件件漆器凝聚着工匠坚守初心、精益求精的精神。从外形、技艺和内在价值三方面感受漆艺魅力，愿意弘扬漆艺文化，从而树立文化自信，激发民族自豪感。

环节三：漆艺代言"火"起来

1. 思考、交流：许老师马上要退休了，她想知道漆器能否被正名为"CHINA"呢？

2. 小组讨论：如何为漆艺代言，让非遗"火"起来？

3. 教师总结：传播中华雅韵，汇聚中国智慧，弘扬工匠精神是我们每个中国人都必须做的事情，相信你们也一定能让越来越多的人对非遗感兴趣，爱上非遗，走进非遗，为非遗注入新的活力！

设计意图：

将漆器"姓什么"的主问题贯穿始终，在思辨中使学生明白我们每个中国人都有弘扬宣传之责，并在讨论中学习一些切实可行的保护、传承非遗的方法，将保护中华传统文化落小落实。

四、板书设计

非遗筑梦一"漆"来

Japan? →CHINA!

漆之形　赏中华雅韵

漆之艺　聚中国智慧

漆之情　扬工匠精神

"快"乐分享　"递"结友谊

上海市闵行区航华第一小学　王子晔

一、主题解析

本节班会借助"中国快递"这一载体,让学生感受祖国不仅有中国速度,更承载着中国温度,从内心深处生出对祖国的崇高敬意,体会国家把人民利益放在首位的决心,身体力行感受、宣传和创造中国温度,为成长为"乐分享"的人奠定基础。

二、目标确定

认知目标:借助"探究快递起源""随机采访""数据解读"等活动,了解中国快递日益发展壮大的过程,知晓中国快递在日常生活中发挥着重要作用。

情感目标:通过看图分析、讨论,感受中国快递发展迭代更新后的中国速度;通过"寻找中国温度",体会国家以人民为先的情怀,提升民族自豪感和爱国之情。

行为目标:通过填写"为中国温度加温"活动卡等活动,给中国温度宣传助力,让更多的人感受到中国温度,并身体力行创造更多的中国温度。

三、过程设计

环节一:漫聊快递配送,回溯行业起源

1. 漫聊快递配送,激发兴趣

(1)看取件码图片,聊家中快递情况。

交流:你们日常收取快递多吗?

(2)提问:为什么快递员经常会将快件放在快递柜里呢?

2. 回溯快递起源,感受发展

(1)交流:你觉得快递给你们的生活带来了什么改变?

(2)观看视频:《快递行业的起源与发展》。

(3)提问:看了这则视频,你对中国快递行业有什么新的了解?

3. 小结

从古至今,快递行业在人们的生活中都起到了相当重要的作用。

设计意图:

上课伊始,通过"看取件码图片"引出中国快递,感受日常快递行业配送量之

大；借助视频了解快递业务早有缩影，激发学生的兴趣，并感受快递在生活中的广泛使用，为下面的环节做铺垫。

环节二：解析快递现状，明确发展原因

（一）展示多方感受，明现状

1. 观看随机采访，聊印象

（1）观看视频。（视频问题：你对中国快递的印象?）

（2）提问：你发现大家对中国快递的评价如何?

2. 呈现网络评价，知现状

出示网友评价，感受人们对中国快递的印象。

交流：看了这些评价，你有什么感受?

（二）结合具体数据，析原因

1. 展示快递数据，明情况

出示图片：从中你读取到了什么信息?

2. 思考发展原因，做铺垫

提问：为什么快递寄件量会逐渐增多呢?

（三）小结

现代社会经济发展，生活条件变好，促使快递行业快速发展壮大。

设计意图：

结合课前学生对身边人的采访和网络评价，感受到中国快递在生活中真实地提升了人们的生活质量，大部分人对中国快递表现出了喜爱、认同的态度。从学生已有的经验出发，在交流中思考中国快递发展的原因，并适时加入老师的引导和补充，实现课堂习得的增量。

环节三：感受快递迭代，感叹中国实力

（一）快递分拣进化史，悟科技发展

1. 看视频，体悟快递分拣变化

（1）看人工分拣视频，说说你的感受。

（2）对比智能分拣视频，感受科技分拣的迭代升级。

（3）小结：快递分拣的升级改造，让分拣变得更加快速，省时省力。

（二）中国速度遥领先，感大国实力

1. 看数据，知晓中国快递强

出示 2023 年快递数据：1320 亿件，连续十年世界第一，日均处理量约 3.7 亿件。

2. 谈感受,燃起浓浓自豪情

(1) 提问:从这组数据中你了解到了什么?

(2) 提问:是什么造就了这惊人的数据?

(三) 小结

中国速度,世界第一。这也意味着中国快递需要承担更多的责任。

设计意图:

本环节聚焦中国快递为适应社会发展与大众需要不断地更新升级。通过展示视频和数据图片,直观地让学生感受中国快递的崛起,油然而生对中国发展速度快的惊叹和中国快递世界第一的自豪感,激发学生的爱国之情。

环节四:探知快递去向,助力中国温度

(一) 知去处,感知中国温度

1. 连接城乡,脱贫致富

(1) 播放视频。

(2) 提问:快递让大山里的人发生了什么改变?

2. 联结世界,促建邦交

(1) 播放视频。

(2) 提问:同学们,听完介绍你有什么感受?

3. 小结

中国快递让我国山区人民变得富裕,摆脱贫困,实现小康,还与邦交友国分享发展经验和成果,这些都体现了我们的中国温度。

(二) 当大使,助力中国温度

1. 课间搜集,寻找中国温度

(1) 智慧笔答活动卡:还有哪些人哪些事能让你感受到温暖和力量?

(2) 师:听完同学们的分享,老师感觉自己被温暖包裹。老师也带来了一则资料,请同学们看看。

(3) 阅读资料,交流:你有何感受?

(4) 提问:怎样让更多的人感受到这些"中国温度"?

2. 加大宣传,弘扬中国温度

师:未来的中国要靠我们来共建,中国温度要靠我们来弘扬。那你们可以怎么做呢?请同学们填写活动卡。

3. 助力中国温度,彰显中国情怀

寻找中国温度:我还知道哪些中国温度?

我怀有爱国情怀,推崇中国温度不遗余力,我想做的是(请在选项前打"√"):

☐ 我为中国温度宣传(我会用＿＿＿＿＿＿＿＿＿＿方式宣传)

☐ 我为中国温度助力(我要＿＿＿＿＿＿＿＿＿＿＿＿)

4. 分享做法,传播中国温度

分享活动卡内容。

设计意图:

本环节通过小组协作了解中国快递的去向,感受中国快递带来的改变与发展。通过交流在中国大地上感动和温暖自己的事,激发学生的爱国之情。填写活动卡,调动学生的积极性,身体力行,让更多的人感受到中国温度,并且在学生心中埋下创造中国温度的种子。

四、板书设计

"快"乐分享　"递"结友谊

中国速度　中国温度

更新迭代　连接城乡,脱贫致富

科技崛起　联结世界,促建邦交

(三)导有智:情境辨析　价值引领

在仁爱教育实施中,创设情境和采用情境是重要的方式。情境认知理论认为,知识是情境化的,学习最好在真实情境中进行。教学情境是指把教学镶嵌于情境之中,通过情境创设,促成教学目标的实现。

1. 教育情境链接学生真实的生活

有效的教学情境能够发挥课堂教学的支架意义,"教学支架"是指在课堂中搭建一种让学生与之互动的任务环境,通过情境探索和构建知识,使学生对知识运用形成更为深刻的感受,提升学生解决真实问题的能力。

(1)合乎逻辑的教育情境成为班会课的内在支撑

《情暖祖辈心》呈现了三个教育情境,分别是爷爷奶奶忙于照顾孙辈无暇出门旅游、奶奶唠叨豆豆穿衣服引发祖孙小冲突、奶奶心疼孩子拿着厚重的野餐垫去春游,这三个情境在孩子们的生活中很常见、很真实。学生可以通过情境自主理解,内化对仁爱的认知。这三个情境同样合乎认知逻辑,第一个情境了解爷爷奶奶辛苦顾家;第二个情境明白唠叨中有爱,要礼貌沟通;第三个情境综合运用,符合认知逻辑,使道德的习得不再是空洞的讲解,而是有故事的支撑。

（2）贴近学生的教育情境搭建学生认知桥梁

学生可通过接近真实的情境,观察、思辨、解决问题,学会科学看待问题,提高解决问题的能力,从而使学习走向生活。以《情暖祖辈心》第二个情境为例,豆豆走出门心里为什么不是滋味? 其实孩子们也感同身受,特别能理解。那我们顺势推进,就到了下一个难点:如何解决"礼貌待人"与"自我表达"之间的知行不合一问题,也就是我们如何完成"知—信—行"的贯通。通过这堂课,学生要学会更加尊重的表达,明白祖辈的关心。教学情境中蕴含着丰富的情感,触发了学生的情感共鸣,从而增强与学习内容的情感链接,有助于学生真正知道何为仁爱。

（3）设计科学的教育情境实现班会课的教学目标

《情暖祖辈心》预设的行为目标是掌握与祖辈沟通的方法,在生活中自觉遵守与祖辈相处的规则,做温暖家人。方法、规则这样比较抽象的词语,在这堂课的教育情境运用中有了具象化的表达。有一个问题很有意思,就是"豆豆刚开始很礼貌,也很尊重奶奶,可为什么最后却说烦死了?"是的,这就是孩子需要的成长点,他们都知道要尊重祖辈,礼貌待人,可是在具体的情境中,却会有各种情况难以知行合一。怎么解决这个问题呢? 回到上一问题,了解祖辈照顾我们走不开,知道奶奶的唠叨是因为爱,问题就迎刃而解了,我们要做的是尊重他们,好好说话。

以下是情境设计的具体案例。

案　例

孝 敬 长 辈

上海交通大学附属闵行马桥实验学校　马筱妍

一、班级现象

早上,豆豆一进班级就把身上的毛衣脱了下来。同学让他等一会儿再脱衣服,否则容易着凉。豆豆说其实自己一点都不冷,都是奶奶让他穿的。豆豆边上的小丁也马上呼应说,他的奶奶也总是怕他冷,经常让他穿很多衣服,如果他不穿,奶奶就会一遍又一遍唠叨。刚说完,很多孩子都频频点头,都觉得爷爷奶奶有时候很烦,但老师却一直教他们要尊敬长辈,不能随便顶撞长辈。哎……

二、成长需求

1. 认识尊敬长辈的重要性:引导学生对待长辈有礼貌,能理解长辈,与长辈想法不一致时要主动沟通,理解彼此的想法。

2. 提升与长辈沟通的能力:能选择合适的方法与长辈沟通,根据实际情况适时调整自己的行为。

三、教育策略

1. 教育情境的有效创设

一天早上,豆豆上学要迟到了,背着书包急匆匆出门,朝奶奶喊道:奶奶,我上学去了。

奶奶听到后,一边擦着手一边从厨房里跑出来,对豆豆说:豆豆,别着急,今天降温了,穿件外套再走。

豆豆停下脚步,对奶奶说:"奶奶,我一点都不冷,学校里还要做操,上体育课呢。"

奶奶还是不放心,接着说:"听奶奶的话,再穿一件吧,到时着凉了就不好了。"

豆豆有点不耐烦了:"我真的不冷,再不走我要迟到了。"

奶奶一边从房间里拿出了衣服,一边说:"快穿上,花不了多少时间的。"

豆豆急了,一把从奶奶手里夺过衣服,嘴里嘟囔了一句:"烦死了!这下又要迟到了。"

出了门之后,豆豆想起刚才对奶奶不礼貌的行为,觉得心里有点不是滋味……

2. 问题链的有效设计

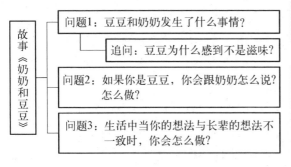

3. 问题链的有效实施

问题一:豆豆和奶奶发生了什么事情? 豆豆为什么感到不是滋味?

<u>学生交流:</u>

生1:奶奶关心豆豆,她想让豆豆穿一件衣服,可豆豆不肯,然后豆豆说他不冷,又对奶奶不礼貌地说,你烦死了。

师追问 1：出门后，豆豆为什么心里有点不是滋味？

生1：可能他感觉自己对奶奶太不礼貌了。

生2：有可能他觉得奶奶在家伤心，所以他心里有点不是滋味。

师追问 2：如果你是奶奶，当时心里会怎么想呢？

生1：奶奶担心豆豆会不会着凉。

生2：奶奶心里很生气。因为她觉得自己养大的小孩以前从来不会这样对她，但现在这样对她，她可能会觉得很生气。

生3：我觉得奶奶会难过。因为豆豆对奶奶说话没有礼貌。

师：我们应该怎样对待爷爷奶奶？我们来看看小熊慢慢是怎么做的。

> 学生需求：认识到对待长辈要有礼貌。
>
> 学习支持：《尊敬长辈的小熊慢慢》(视频)。

生1：爷爷奶奶在干活的时候我们可以去帮忙。

生2：奶奶给慢慢做了蜂蜜饼，慢慢吃好了去玩了。慢慢应该说一声谢谢奶奶。

生3：我们要孝敬长辈。

师：对爷爷奶奶说一声感谢的话，为他们做一些力所能及的事情，比如为他们捶背等，这都是对爷爷奶奶有礼貌的表现，也是对他们的尊重。

问题二：如果你是豆豆，你会和奶奶怎么说？会怎么做？

学生交流：

生1：先给奶奶道歉，再给奶奶捶捶背。

生2：跟奶奶说一声对不起，给她捶捶背，倒一杯茶。

生3：我会说奶奶对不起，我今天不应该这样朝你发脾气，我给你捶捶背吧。

生4：奶奶，对不起，我早上应该把衣服穿上的。

师：相信你们这么有礼貌、有耐心地和奶奶沟通，奶奶也会听取你们的建议的。所以我们在与奶奶沟通时要有耐心，即使他们的建议可能和我们的想法不一致，我们也要心平气和地去接受和理解，同时也可以用委婉的语言去表达自己的看法和需求。

> 学生需求：正确理解爷爷奶奶的做法，在尊重的基础上学会用温暖的方式与他们沟通。
>
> 学习支持：《有话好好说》视频。

问题三：生活中，当你的想法和长辈的想法不一致时，你会怎么做？
学生交流：

生1：不是很重要的事情就先听奶奶的，奶奶让我穿衣服就先穿着，热了再脱掉。

生2：给奶奶倒一杯茶，和奶奶说自己的想法。

生3：上次秋游我要拿餐垫，奶奶觉得重不让我拿。我就和奶奶说我们会轮流拿，已经答应好的事情要做到，下一次别的小朋友也会拿餐垫的，奶奶就答应我了。

生4：我在写作业时，奶奶总会给我在旁边准备一盘水果。我把水果放在旁边的小茶几上，等写完作业再去吃水果。

师：我们和爷爷奶奶有不一样的想法是正常的，好好说话也能让他们理解我们的想法，他们也会慢慢改变自己的做法。家人之间要相互理解，彼此接纳。

> 学生需求：正确理解爷爷奶奶的同时也要想办法通过合适的沟通方法让爷爷奶奶理解我们，家人之间要相互尊重，接纳不同的想法。

四、反思及建议

祖辈的生活经历和孩子的生活经历有一定的差异，他们在看待问题和处理事情的过程中很容易产生不同的看法。

尊敬长辈是中华民族的传统美德，而爷爷奶奶作为家族中的长辈，他们的经验与智慧值得我们学习和传承。学生不仅要尊重爷爷奶奶的权威，更要理解他们的做法和想法。不仅如此，教师还要指导学生学会用正确的方式表达自己的看法。这包括选择合适的时机、场合和方式，以及使用礼貌、委婉的语言来表达自己的想法和需求。

新时代的仁爱教育强调家庭成员之间的平等和相互尊重，学生要尊重长辈，学会倾听和接纳他们的想法与意见。同时，长辈也应该尊重和理解孩子们的成长需求与个性差异，给予他们适当的自由和空间。这种相互尊重和理解，可以建立起更加和谐、包容的家庭氛围。

2.教育情境呈现学生真实的想法

孙斐在《教学情境的有效性及其实现》中对有效的情境做出了诠释。它是指情境能够发挥课堂教学的支架意义，能够使学生借助情境探索和建构知识，并在与情境的互动中产生真实体验，有助于促进学生的知识迁移能力提升等。因此，教学情境的有效性需要重点关注情境的逻辑性、适切性和目的性。那我也就这三点展开评课。明确情境课程设计原则，主要包括开放性原则和递进性原则。

（1）开放性原则

● 情境的真实性与多样性：情境课程设计应基于真实的生活场景，确保学生能够在接近实际的环境中学习和实践。提供多样化的情境，以涵盖不同的学习需求和背景，使学生能够在多种情境下应用所学知识。

● 学生的主体性与参与度：鼓励学生积极参与情境的设计和实施过程，以增强他们的学习主动性和责任感。提供机会让学生根据自己的兴趣和需求选择或创造情境，以促进个性化学习。

● 资源的丰富性与互动性：利用多种资源（如文本、图像、视频、音频等）来丰富情境内容，提高学生的学习兴趣和效果。设计互动性强的情境活动，以促进学生之间的合作与交流，共同解决问题。

网络热梗，我可以用吗

上海市闵行区七宝明强第二小学　姚晓雯

姚老师了解到班级大部分的学生都喜欢使用网络热梗后设计了"网络热梗，我可以用吗"这一教育情境。姚老师认为"辨析哪些梗可以使用，哪些梗不能使用"是最关键的一环，因此设计了"网络热梗能不能用？""这样的网络热梗你喜欢吗？""同样的热梗，为什么不同人的反应不一样呢？"三个递进性问题。通过一个个小视频给学生学习的支架，引导学生了解使用网络热梗需要内容有度，关注适用对象和场合。姚老师的问题既有封闭性的选择也有开放性的观点表达。话题来自学生的真实生活，学生比较有感触，也愿意表达自己的观点。

姚老师在推送教育视频资源后，又引导学生围绕是否能使用类似"老六"这样的网络热梗展开讨论与思辨。

如果学生认为可以不加区分地使用，则会继续推送理解"老六"的原始含义及风靡原因的资源，明白网络交流的相关规定与倡议，使学生认识到这样的词汇容易给人带来不舒服的感受，倡导换位思考，尊重他人。

如果学生认为这样的词语并不适合使用，则会推送理解网络热梗受追捧的原因及如何面对他人使用了令自己不舒服的网络热梗的方式。这样个性化的资源推送能够使不同认知的学生得到相应的指导。

最后姚老师还提供了类似情境下的其他问题——对于篮球打得并不好的同学是否可以使用"菜就多练"的网络热梗。学生先给出词云图，学生通过比较、分析、评价、反思，认识到要多鼓励同学，帮助其进步。再用智慧纸笔了解学生今后对网络热梗的使用态度，只要出于友好、促进友谊就可以使用，从而让学生构建健康、积极的网络文明观，见图 3-7。

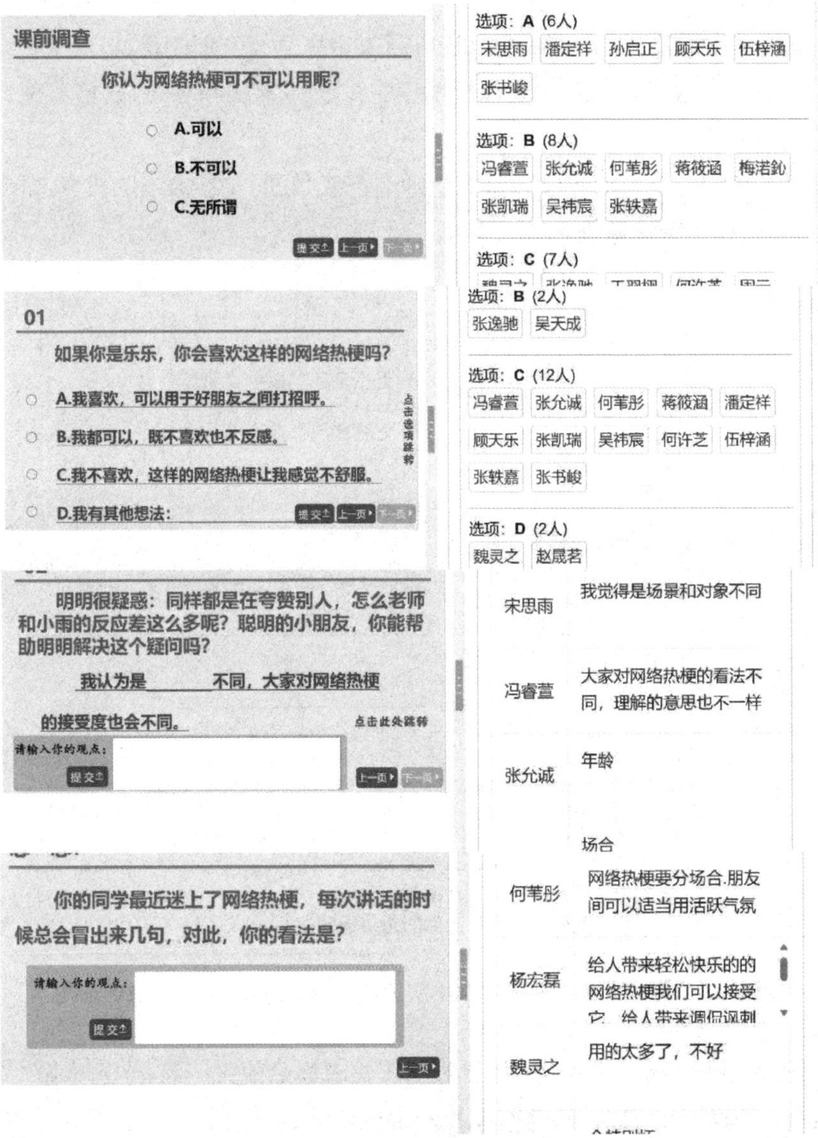

图 3-7　情境课程"网络热梗，我可以用吗?"截图

（2）递进性原则

● 情境的层次性与挑战性：设计具有不同难度的情境，以满足不同学生的需求和能力水平。逐渐增加情境的挑战性，以激发学生的求知欲和探索精神。

● 学习的连贯性与积累性：确保情境课程之间的连贯性，使学生能够在不同的情境之间建立联系，形成完整的知识体系。鼓励学生在情境中不断积累经验和知识，为后续的学习打下坚实的基础。

● 发展的持续性与创新性：设计能够激发学生持续发展的情境，使他们在学习过程中不断取得进步。鼓励学生在情境中尝试新的方法和思路，以培养他们的创新意识和实践能力。

如上海市闵行区实验小学郭惠杰老师围绕着"好朋友参加小队长竞选，要不要给他投票"设计了情境课程，见图 3-8。

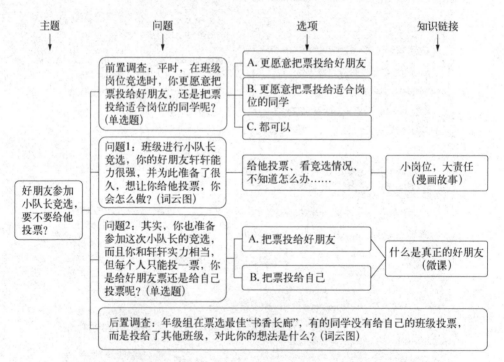

图 3-8　情境课程"好朋友参加小队长竞选，要不要给他投票"设计思路

"愿不愿意投好朋友一票？""如果好朋友要求你给他投一票，你怎么做？""如果你也想参加小队长的竞选，你的票会投给谁呢？为什么？"这三个问题的思维深度是层层递进的，而且也有学习上的连贯性。郭老师还另外设计了一个后置调查"年

级组在选最佳'书香长廊',有的同学把票投给了其他班级,对此你的想法是什么?"这样的问题情境与前面的情境有一定的相似度,学生可以迁移前期的方法和思维解决当下的问题,既体现了学习的持续性,也鼓励学生创造性运用所学方法。

3. 教育情境促成学生思维的成长

教育情境作为学生学习与发展的重要背景环境,对促进学生思维成长起着至关重要的作用。在教育过程中,精心设计的情境及相应的问题链不仅能够激发学生的好奇心和探索欲,还能够引导他们主动思考、深入探究,从而在解决问题的过程中锻炼和提升思维能力。

(1)情境内容的生活性,激发学生思维活力

教育情境通过创设新颖、有趣的学习场景,能够激发学生的思维活力。在这种情境中,学生不再是被动地接受知识,而是主动地参与、探索,他们的思维因此变得更加活跃和敏捷。

(2)情境主题的多样性,培养学生思维品质

多主题的教育情境为学生提供了丰富的思维素材和实践机会,有助于培养学生的思维品质,如思维的深刻性、灵活性、批判性等。在解决问题的过程中,学生需要深入分析、灵活应变、批判思考,这些过程都有助于提升他们的思维品质。

(3)三环一体的统一性,促进学生思维发展

教育情境的设计、问题链的设计和学习资源的提供是情境教育的三个重要环节。情境所聚焦的主题是"整个教育情境创设、问题链设计及所提供的学习支持"的灵魂,三者都应该围绕这一主题展开,确保一致性和连贯性。

下面提供一个以"诚信"为主题的教育情境的设计与运用。

没有洗碗能不能打"√"

上海市闵行区民办塘湾小学　胡兴存

一、班级现象

班级已经开展一段时间的家务劳动打卡了,学生非常积极。午会课上,老师表扬了连续打卡一周的小玲等同学。小丽因为只打卡了 4 天而没有受到表扬。她很不服气地指出小玲有几次也没有做家务,都是她妈妈直接帮她打钩的,不能被表

扬。小玲感到很委屈,因为她最近在准备舞蹈比赛,每天都要练习 1 小时舞蹈,实在是抽不出时间做家务了,妈妈才帮忙打钩的。但她周末不仅帮妈妈洗菜了,还整理了自己的小房间,这也是在做家务啊!刚说完,很多孩子都频频点头,看来这样的现象还是比较普遍的。

二、成长需求

1. 认识诚信的重要:引导学生诚信对待劳动打卡,遇到特殊情况灵活变通。

2. 提升选择的能力:选择力所能及的家务劳动岗位,根据实际情况适时调整。

三、教育策略

1. 教育情境的有效创设

班级开展了家务劳动打卡的活动,兵兵承担了每天洗碗的任务。这一天,兵兵刚准备洗碗。

妈妈就说:"赶紧去写作业,妈妈来帮你洗碗。"

兵兵拿出了打卡记录表:"那我就没办法完成今天的打卡任务了。"

爸爸也一边催着兵兵去写作业:"先去写作业吧,等会儿我帮你打'√',这个星期天的碗都让你来洗。"

兵兵听了很为难:没有洗碗就打"√",这不是欺骗吗?如果不打"√",我就在班级活动中落后了,怎么办呢?

2. 问题链的有效设计

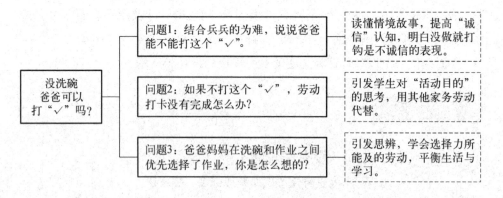

3. 问题链的有效实施

问题一:结合兵兵的为难,说说爸爸能不能给劳动任务表格中先打"√"呢?

学生交流:

观点 1:可以打"√"

生1：可以打"√"，今天没做，等明天做两次不就好了。

生2：对，有一次我作业写得太晚，妈妈就直接把我的家务给做了，后来我在星期天做了很多家务呢！

观点2：不可以打"√"

生1：不能，没有完成就是不能打钩，做了就是做了，没做就是没做，不能欺骗同学和老师。

生2：我也赞同他们的观点，做家务劳动并不是为了打钩，可以和老师说清楚没有按时打卡的原因。

师：是的，我们要诚实地反馈劳动打卡的情况，没有劳动就打"√"就是不诚信的表现。

> 学生需求：认识到劳动打卡需要如实反馈。
>
> 学习支持：《不说谎，做个诚实的孩子》(视频)。

问题二：如果不打"√"，劳动打卡没有完成怎么办？

学生交流：

生1：让妈妈不要洗，等兵兵写完作业再洗碗，洗好了就可以打"√"了。

生2：万一妈妈洗好碗了，还可以换一个家务劳动，拖地板，或者洗菜，整理书架……

生3：对啊，今天没有时间的话明天就多做一点家务。

师：小朋友你们真棒，打钩只是一种形式，老师更希望你们能养成主动做家务，坚持做家务的好习惯，为爸爸妈妈减轻负担。

> 学生需求：正确理解活动目的，学会在不同情境下灵活变通劳动打卡的内容。
>
> 学习支持：《劳动任务打卡清单》的个性化设置。

问题三：爸爸妈妈在洗碗和作业之间优先选择了作业，你是怎么想的？

过渡：学习和劳动发生了冲突怎么办？

让我们先来看一个视频，看看你能不能从中找到答案。

学生需求：知道劳动和学习都很重要，要合理安排，平衡好生活和学习。

学习支持：《劳动的重要性》(视频)。

学生交流：

生1：家务劳动需要大家共同来承担，洗碗花不了多少时间，先洗碗。

生2：家务劳动有很多，先完成作业，再做其他家务也可以啊！

师：家务劳动和学习都很重要，做家务不仅提高了我们的责任心，还能提高我们解决问题的能力。我们要合理安排时间，做到生活和学习两不误。

四、反思及建议

这是一个由劳动教育引发的诚信问题。在劳动教育过程中，兵兵的家长认为学习比洗碗更重要。为了应付班级劳动打卡活动，在兵兵没有洗碗的情况下要帮他打钩，这是一种不诚信的表现。父母对劳动教育的重视程度往往会影响到孩子的行为选择。孩子虽然知道诚信很重要，但在父母的影响下，可能会选择虚假打卡，不利于诚信价值观的形成。诚信是仁爱的基础，一个人只有具备了诚信的品质，才能够真正地关爱他人。因此，我们要营造仁爱的家庭氛围，引导孩子从小树立正确价值观，并在生活中学会变通。教师在开展劳动教育时，也要慎用劳动打卡。基于学生的个体差异，在激发劳动兴趣，养成劳动习惯的同时植入正确的价值观。

我们的思考：

一系列相关且逻辑连贯的情境，丰富了学生对事件的全面理解。在此过程中，选择和创造相应的资源(图片、视频、实物、案例等)，帮助学生或参与者更好地理解和体验主题，在提高认知的同时也会逐步内化主题，不断培育学生的仁爱行为。

藏在成长中的"仁爱评价"

（一）让成长循序渐进——正向化评价

正向化评价强调在学生成长的过程中,给予正面、鼓励性的评价,以激发其内在动力,促进其不断进步。通过正向化评价,可以引导学生建立自信,认识到自己的优点和潜力,明确自己努力的方向,从而更加积极地面对挑战和困难。

1. 正向评价：体现增值功效

评价是教育教学中的重要环节,其所产生的导向作用、激励作用、引导作用,体现了评价增值的功效。

导向作用是仁爱教育增值性评价的主导方面。评价不仅用于检验,也用于引导。引导能使原有的内容和期望归于正向,而且能产生叠加效应。

激励作用是仁爱教育增值性评价的主力方面。通过对事实上产生的结果的评判,激励学生具体而清晰地看到自己的进步,并能为自己的进步而不断努力做最好的自己。这样的评价增值,形成螺旋式上升的趋势,有利于学生知行统一,追求进步。

引导作用是仁爱教育增值性评价的主效方面。引导重在方向的引领,重在分量的加码,重在后续的提升。

2."四性"评价：关注成长过程

在仁爱教育中,我们尤其注重长程式主题教育活动的评价研究。评价是为了更好地检测方案的可行性,让主题活动的教育功能发挥出最大的育人价值。

（1）长程式活动的梯度性评价

表 3 - 26　长程式活动的梯度性评价表

序号	评价内容	5分	4分	3分
1	目标适切	长程目标很具体,分层设计清晰,且操作性强、检测性强。	长程目标具体,有分层设计,且可操作可检测。	长程目标比较具体,有分层设计,有一定操作性和可检测性。
2	内容贴切	内容科学性强,非常符合生活实际,能很好地解决学生成长困惑。	具有科学性,符合生活实际,能解决学生成长困惑。	科学性一般,比较符合生活实际,基本上能解决学生成长困惑。
3	阶段设计	阶段活动设计非常完整,逻辑性强。	阶段活动设计比较完整,推进有一定逻辑。	阶段活动设计基本完整,推进逻辑不太清晰。
4	资源运用	聚焦主题,非常符合学生认知水平,能很好地触发师生有效思考。	比较聚焦主题,比较符合学生认知水平,能较好地触发师生有效思考。	部分资源符合学生认知水平,能触发师生思考。
5	活动形式	形式针对性强,丰富多样,能很好地引发学生主动参与。	形式有针对性,至少有两种以上,能引发学生主动参与。	形式有一定针对性,但不够丰富,能引发部分学生主动参与。
6	主体发挥	教师主导下,生生间能非常好地有效互动,能很好地实现自我教育。	教师主导下,生生互动比较有效,能较好地实现自我教育。	教师主导下,生生之间有互动,能在一定程度上促进自我教育。
7	评价方式	评价方式多元有意义,具有积极的正向引领,有科学的评价指标。	评价方式多元,具有正向引领,有清晰的评价指标。	评价方式多,具有一定的引领,有评价指标。

（2）长程式活动的阶段性评价

主题教育活动的开展,往往是几个阶段活动的总和,具有一定的时间长度和空间跨度。因此,我们要聚焦每一个阶段的活动目标进行阶段性的评价,用来不断地激励学生向前迈进,同时,评价指标也是学生的下一个努力方向。

这是一个低年级"瓷砖王国有话说"的案例。

第一阶段活动主题是"我和小瓷砖交友"。活动的目标:其一,在瓷砖王国的情境中,了解小瓷砖的心声,发现小瓷砖遇到的困难,产生帮助小瓷砖的愿望;其二,在帮助小瓷砖的过程中,不断积累劳动经验,体验劳动带给自己的快乐。

聚焦目标,老师设计的第一阶段活动评价如下:

表3-27　点亮我的岗位星

序号	姓名	周一	周二	周三	周四	周五	总计
1	孙浩茗	☆☆☆	☆☆☆	☆☆☆	☆☆☆	☆☆☆	★
2	陆欣琳	☆☆☆	☆☆☆	☆☆☆	☆☆☆	☆☆☆	★
3	陆　毅	☆☆☆	☆☆☆	☆☆☆	☆☆☆	☆☆☆	★
4	龚则予	☆☆☆	☆☆☆	☆☆☆	☆☆☆	☆☆☆	★
5	唐浚浩	☆☆☆	☆☆☆	☆☆☆	☆☆☆	☆☆☆	★
6	王梓涵	☆☆☆	☆☆☆	☆☆☆	☆☆☆	☆☆☆	★
7	马欣蕾	☆☆☆	☆☆☆	☆☆☆	☆☆☆	☆☆☆	★
评价标准为:☆能自己找到自己的四格瓷砖。 　　　　　☆每天坚持去擦四格瓷砖。 　　　　　☆能运用"1捡2擦3检查"的方法。							

低年级学生年龄小,所以评价的指标尽可能少而清晰。在每日的微劳动中,学生通过这三个评价指标,保护专属于自己的小瓷砖,每日及时点亮自己的岗位星。

第二阶段活动主题是"瓷砖王国历险记"。活动的目标:其一,在动画视频《瓷砖妹妹的悄悄话》故事的推进中,不断提升自己的劳动技能,初步学会爱护与珍惜自己和他人的劳动成果;其二,针对活动生成的问题,引导学生自己去探究,试试自己解决部分问题,并将这些经验和大家分享,再一起检验探究的效果,在班级进行推广。

在劳动的推进过程中,学生遇到了许多问题,如经常会遗忘自己的劳动小岗位,使用的工具有时候也忘记带好,同学间也有相互推诿、相互埋怨的问题,为此老师根据原有的知识、能力、态度等几方面,让学生讨论并设计出三种不同的奖项。每一个奖项都聚焦"亲爱"主题,具体可操作。这样的评价方式让孩子们很喜欢,借助这一评价活动,教师能持续推进活动的开展,让学生在活动中不断完善劳动技能的同时,能坚持做好自己的小岗位,并能在比一比、赛一赛中,发现自己的优点,欣赏别人的长处,能在同伴互助中取得进步。

第三阶段活动主题是"瓷砖王国乐趣多"。活动目标:其一,能主动参与每日的微劳动,乐意为小瓷砖做更多的事,初步渗透为他人服务的意识,逐步养成热爱劳动的好习惯;其二,自主设计小队评价表,引导学生能对照评价标准改进劳动技能,增强集体荣誉感,感受集体中合作分工、互帮互助的快乐。

于是,在老师的指导和组织下,学生自主设计并制定如下评价标准,见表3-28。

表3-28　保护小瓷砖,我们最棒啦

小队名称	周一	周二	周三	周四	周五
第一小队					
第二小队					
第三小队					
第四小队					
第五小队					
第六小队					
评价标准:☆大扫除时能人人参加劳动。 ☆在劳动时有分工,善合作。 ☆两列瓷砖擦得快,擦得静,擦得净。					

这个评价表以小队的方式进行评价,让学生从他律逐步走向自律,初步培养孩子们分工合作意识,碰到问题能尝试一起组团想办法解决。

在每一个推进阶段,我们都用心设计好活动的阶段性评价,这样既对前面的活动有一个很好的总结,又能开启下一个阶段的活动目标,让学生始终保持对活动的热情与开展好活动的信心。

（3）长程式活动的正向性评价

要有效地推进劳动教育,劳动教育就必须遵循一定的规矩,需要立标准、设梯度、重仪式,使劳动评价正向化。

① 立标准——指向劳动的方法与技能

设立相关评价标准是为了学生有标准可依,有目标可循。闵行区某学校在实施"学会整理书包"课程中,从齐整物品、分类摆放、有序放入三方面来指导学生整理书包。同时又制定了相应的标准,帮助学生掌握整理书包的方法,学会自我服务。例如,在分类摆放一栏中,设置了以下标准（见表3-29）,让学生看齐标准,学会整理书包的方法和技能。具体如下:

表 3-29　学会整理书包课程标准

评价内容	不好(1分)	合格(2分)	较好(3分)	好(4分)	非常好(5分)
分类摆放	无分类 杂乱无章	大致分类 显得杂乱	分类清楚 摆放不齐整	分类清楚 摆放齐整	分类清楚 摆放方便使用
得　　分					
注：请根据整理书包的实际情况,在相应的方框内打"√"。					

② 设梯度——指向劳动的态度与情感

学生是有差异的,在评价过程中,学校要充分利用评价的激励与引导功能来设计评价的梯度,让每一个孩子都在不同的阶段得到肯定,获得成长的动力。闵行区某学校通过设置不同层级的标准给学生以向上的引领。他们以"最美瓷砖"为主题进行分类评选,见表3-30。从每日坚持清洁自己的小瓷砖到主动擦拭他人的小瓷砖,最终能维护班级所有小瓷砖的过程中,培养认真劳动、坚持劳动的好习惯。同时,在维护小瓷砖的过程中,学会珍惜劳动成果,感受劳动的光荣。

表 3-30　最美瓷砖评选

奖　项	★最闪亮瓷砖	★最有爱瓷砖	★最绅士瓷砖
评选要求	A. 坚持日清自己的小瓷砖	A. 主动擦拭角落里的小瓷砖	A. 能尊重别人的劳动成果
	B. 会灵活使用清洁工具	B. 帮助他人擦拭遗忘的小瓷砖	B. 能维护班级小瓷砖干净

③ 重仪式——指向劳动的价值与品格

在仁爱教育过程中,我们需要用仪式感来助力学生学会爱己爱人。闵行区某小学在"小蓝人"餐饮工坊的年级服务劳动实践过程中,分别以创设入门级小蓝人、中级小蓝人、高级小蓝人三个级别称号来对应5厘米、8厘米、13厘米三种不同规格的帽子,来对学生的劳动能力及劳动态度等方面综合给出评价。并且在主题班会的课堂上,举行授帽仪式。随着音乐响起,老师亲自给学生戴帽,他们从心里感到无上光荣,课堂氛围达到高潮。这样的仪式感积极暗示学生认真地对待劳动,让劳动成为一种生活方式,逐渐形成良好的劳动品格。

(4) 长程式活动的全员性评价

在长程式主题教育活动推进过程中,因为涉及的时间长,为了激发学生的活动兴趣,全方位促进学生的进步,需要关注全员性。全员性评价可以体现在评价内容、指标上,还可以体现在评价方法和策略上,全员可以自评、他评,也可以采用小组评等方式。

友善主题活动的评价表是评价社团活动中团员交往能力的评价表,其中全员性评价就关注到自评、他评、师评三方面相结合,见表3-31。

表3-31 友善主题活动全员性评价表

评 价 内 容		评价(五星、四星、三星)		
		自评	他评	师评
友善沟通	能合理表达自己的想法,表达清晰、明了			
	与组员说话,谦逊有礼,不命令,不指责			
认真倾听	他人言语时,要静心专注,给出回应			
	意见不同时,举手表达,不打断他人说话			
尊重体谅	对组员的困难要体谅,活动前多咨询			
	关注组员的优点,能按组员长处分配任务			

小团体内的交往活动是以小社团为一个评价体,在这里通过自评、他评和师评能更加客观地看清自己在团体中与小伙伴交往时的行为是否恰当,还可以通过评价指标引导自己朝着正确的方向去努力完善自我。

(二) 让成长清晰可见——数据化评价

在当今数字化时代,数据化评价正逐渐成为教育领域的重要趋势。它利用信息技术手段,对学生在仁爱认知的全面性、深刻性和仁爱行为的主动性、稳定性等多方面的数据进行收集分析。评价结果基于大量的数据和事实,减少了主观因素的影响,使评价更加公正、准确,为学生个性化发展提供了科学、客观的依据。

1. 多重调研——问题与需求的整合

多重调研方法的应用是调和问题与需求的关键。通过活动前中后的多层次多形式的调研,从不同角度和层面深入了解学生的成长问题。在深入分析调研结果的基础上,将问题与需求进行调和,清晰学生问题背后的真实需求。

我们通过文献梳理,确立问卷的总维度和子维度,设计了一份针对学生仁爱教育需求的问卷。接着发布问卷,鼓励学生积极参与并根据真实情况填写问卷。在收集到足够的数据后,利用问卷星提供的数据统计功能,查看各问题的回答分布和比例,从而识别出学生成长需求的主要趋势和关键点。如果发现不同年级、性别、学科等群体的学生存在不同的需求,还可以进行对比分析,以便更准确地把握学生的成长需求。最后,根据分析结果制定满足学生成长需求的仁爱教育三大主题活动,即"规则里的亲爱""生命里的博爱""红色里的大爱"系列活动。

2. 问题梳理——关键人与关键事的联合

教师借助智慧纸笔,通过设置单选、多选、判断等形式的问题,快速统计学生对仁爱内涵的理解,以及在不同情境下的道德判断和选择,高效了解学生仁爱品格形成的起点,清晰仁爱教育的关键事、关键人和关键点,梳理关键问题,为制定后续的情境课程提供现实依据。

(1)依托评价数据,顺势推进活动

结合仁爱序列性活动的设计和推进,学生需要在活动中积极参与,从而获取丰富的活动体验。教师可以运用"智慧纸笔"系统进行过程性资料的收集。比如某小学开展了"半寸格子"序列活动。活动过程中,老师运用智慧笔实时采集数据,精准地了解了学生对种植知识的"已知"与"未知",并在课堂上直接呈现数据,引发学生思考:看来大家都掌握了种植知识,为什么各小组蔬菜的长势却参差不齐呢?在深度的讨论和交流中,不少学生发现蔬菜的成长过程中不仅需要掌握种植知识还要灵活运用种植知识。

(2)共享故事资源,初步评估问题

在"半寸格子"系列种植活动中,老师还借助闵智作业的组卷、点阵印刷、笔迹记录功能,共享班级种植故事,见表3-32。

表3-32　种植故事收集示例

"半寸格子"故事梳理
1. 种子种下去,过了很长时间都不发芽,大家都非常焦急。(二4)
2. 大家给土豆苗浇了很多水,土豆苗越长越高,又都匍匐在地上,农业专家来指导,说土豆要变水培啦! 浇水太多,土豆的根部就不会有果实。(二2)
3. 别的班级的菜苗、土豆越长越高,我们班的却总是长不高。(二5)
4. 我们班级的土豆被放到了观赏区,大家很担心,会不会被路过的小朋友碰到? 会不会太晒了?(三2)
5. 小苗刚长出来就夭折了,可能是被路过的同学连根拔起,大家非常气愤,想要找到"凶手"。(四1)

续　表

6. 农业专家建议大家不要把不同的蔬菜种到一个格子里,我们班面临着蔬菜"取舍"的问题,大家都非常为难。(四 3)

7. 隔壁幼儿园的栅栏上,生长着常春藤,常春藤遮蔽了半寸格子的阳光,而且我们发现,有的藤叶上有虫害,并且开始蔓延到了我们的菜地。要不要和幼儿园商量下,摘除一些常春藤呢?(一 7)

8. 学校最初建造半寸格子的时候,要求大家种植有机蔬菜。我们的蔬菜生虫了,班级分成了两派,一派认为要使用农药,保住蔬菜最重要;另一派认为不能使用农药,可以用一些灭虫的窍门方法。可是,实验了几天后,窍门方法似乎并不奏效。(五 2)

对各班共享的班级故事进一步梳理,初步评估学生在活动中遇到的几类问题:少部分是关于科学种植的,一部分是关于人际沟通的,但更多涉及对生命意义的理解。比如小苗刚长出来就被拔了,要不要找"凶手";不同蔬菜不建议种在同一个格子里,怎么取舍等。各班呈现的资源是多种多样的,但在种植活动中对学生成长起到关键性作用的显然是关于生命意义的探讨。项目组通过智慧纸笔的数据收集功能,梳理出了学生在仁爱教育方面的几类关键问题,见表 3-33。

表 3-33　"生命里的博爱"问题情境梳理

"生命里的博爱"问题情境梳理
爱心大小能不能用金钱多少来衡量?
异性同学之间如何有度交往?
网络热梗,我能不能用?
对流浪动物,该不该向它伸出援助之手?
小番茄长势不好,对于这个小生命,我该怎么办? 拔还是不拔?
比赛第一? OR 友谊第一?
班长竞选这一票该投给谁?
饭箱旁边的汤汁该不该擦?
我该不该原谅他?
小队活动时,该不该接纳调皮的伙伴?
好朋友参加小队长竞选,要不要给他投票?
绰号,可以取吗?

(3) 设置问题链接,实现思维外显

在种植蔬菜的过程中,陈老师班级也遇到了关于生命的故事资源,学生种下的土豆被反复挖出来研究。学生对生命充满了好奇,但又不太理解一颗小土豆的生命究竟意味着什么。于是,陈老师在课堂上还原了这一真实情境,并设计了配套的问题链：小土豆遇到了什么问题？此时土豆的心情怎样？经过讨论，我们认为产生危机的原因是什么？如果我们是图中的小男孩，我们应该怎么做？一系列的问题被设计成学习单，通过学习单铺码，完成小组讨论。一系列的问题让学生在课堂讨论中有了支架，学生思考有迹可寻。老师呈现了平台收集的学生讨论项目，建议组别之间互相学习，再次体悟生命的价值。见图 3-9。

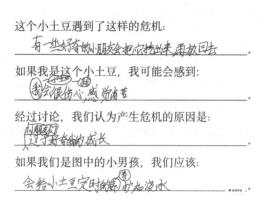

图 3-9　真实情境下的问题链设计

3. 情境检测——评价与指导的融合

情境检测是一种将评价融入实际情境的方法，旨在通过模拟真实或接近真实的场景，对个体的能力、表现、态度等进行全面、客观的评价，并同时提供具体的指导与反馈。这种方法不仅关注评价的结果，更重视评价过程中的学习与成长，实现了评价与指导的深度融合。

"三个助手"中的"备课助手"帮助教师关注每一个学生的思维起点，精准掌握已有学情，选择已有的班本化资源进行编辑加工。推送个性化的自主学习资源，帮助学生深入思考，在互动运用中加深理解，促进反思，实现人机协同，更好地因材施教。设置问题链，引导学生将前期学到的方法灵活迁移到不同情境，提高学生问题解决的能力。以数据驱动采取更有效的针对成长需求的普适教育，也能创新性地运用个性化教学策略，使每个学生都能有所成长。

仁爱情境课程的开发策略可以精炼为五个核心环节：激情—思辨—寻法—迁移—强化。

● **情感激发**：通过持续推送生动的故事、视频、音乐等，设置引人入胜的情境，让学生在情境中感受仁爱的温暖和重要性。

● **思维辨析**：基于真实情境，通过小组讨论、观点碰撞等方式引导学生深入思考和探讨仁爱思想。通过情境辨析,引导学生从不同角度理解仁爱的意义和价值。

●**寻找方法**:通过情境故事,提供具体的仁爱行动指南和案例,让学生在生活实践中有章可循、有据可依。

●**迁移方法**:设置同类情境的后测,鼓励学生将仁爱行为灵活应用到不同生活场景,让学生在实践模拟中不断巩固和深化对仁爱的理解与应用。

●**巩固强化**:建立定期反思、分享机制,让仁爱思想成为班级文化的一部分,持续影响学生的成长和发展。

4.循环评价——思想和行为的契合

通过问卷星精准定位教育起点,借助智慧纸笔进行过程性评价,搜集成长困惑,使用"三个助手"完善教育评价,实现个性指导,再次运用问卷星检验前期仁爱教育的成效,捕捉新问题新需求,设计新活动。活动前、活动中、活动后的多次检测能够帮助教师更好地得到学生的实时反馈,为调整后续活动提供依据,有效引导学生将仁爱思想转化为具体的仁爱行为。

(1)多维度评价,让数据能说话

活动参与维度:通过数据分析,可以量化学生在仁爱教育主题活动中的参与度,如参与活动的人数、活动时长、互动频率等。这些数据可以反映学生对活动的兴趣和投入程度。

行为表现维度:观察并记录学生在活动中的仁爱行为,如帮助他人、关心弱势群体、参与公益活动等。通过数据分析,可以评估这些行为的频率、质量和影响力,从而了解学生在仁爱教育方面的实际表现。

情感态度维度:通过问卷调查等方式收集学生对仁爱教育的情感态度变化数据。这些数据可以揭示学生在接受仁爱教育前后的心理变化,如价值观的转变、同理心的增强等。

(2)指导性评价,让成长有方向

评价的长程性:在活动前进行调查前测,精准把脉学生当前仁爱教育的起点,设计相应的活动;在活动过程中持续收集学生的表现数据,形成动态的评价记录,及时发现学生的问题和进步;在活动结束后对学生的整体表现进行综合评估,总结活动的经验和教训,为未来的仁爱教育主题活动提供参考。

评价的指导性:评价既是评定又是引领,设计的梯度性评价让每一个学生都获得成功的体验;正向性评价让学生客观认识自我,获得积极的力量,全身心投入整个活动中,实现活动的育人价值。

成效篇

4

师有仁，润物无声

习近平总书记指出："教育是一门'仁而爱人'的事业。爱是教育的灵魂，没有爱就没有教育。"真爱是教育的生命，教育家精神中最核心、最本质的是仁爱之心。班主任在教育中承担建班育人的重要职责，需要站在学生的角度，用发展的眼光，系统化地建设班集体，建设有爱有序的仁爱集体，引领孩子健康成长。

建班方略一

启蒙养正　润育先"蜂"

上海市闵行区实验小学　孙青阁

（一）启蒙以激趣，建温馨友爱家园

"启蒙以激趣"阶段，主要是通过主题活动和班本课程引导学生参与集体建设，在过程中培养学生的自理能力和劳动能力，养成文明行为习惯，树立规则意识，在良性的交往中悦纳自己、欣赏同伴。

1. 筑蜂巢，凝心聚力建家园

筑蜂巢，用有形的标志凝聚无形的力量，引导学生成为班集体的主人，集体生活的幸福感油然而生。

（1）设计"蜂"形象

通过"我是小小设计师"活动，在美术老师和家长指导下自主设计班名、班徽；借助"我是小小演说家"活动，展示设计成果，交流设计想法；化身小评委民主投票，最终确定了象征勤劳、团结、自律的小蜜蜂成为班级符号。见图 4-1。

（2）布置"蜂"环境

师生共同阅读绘本《蜜蜂日记》，了解蜜蜂生活习性，解读蜜蜂身上的优秀品质，提炼蜜蜂精神，并对班级的环境进行了一系列设计，让蜜蜂元素处处可见。

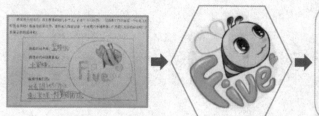

"FIVE"代表5班,微笑的蜜蜂代表每一名同学,外围的六边形是蜂巢,代表我们生活的班级,团结协作建立友爱、向上的班集体。小蜜蜂和FIVE的位置既代表着5班是每名同学的摇篮,同时也预示着在班集体的滋养下,未来每一名同学都会幸福成长,朝着更高的目标飞去。

图 4-1　班名班徽诞生图

(3) 制定"蜂"公约

通过班级公约的讨论和制定,建立小蜜蜂班级的基本生活守则;开展班级誓约大会,庄严通过"蜂巢生活公约",郑重签名宣誓,建立规则意识;通过小蜜蜂班本课程(见表4-1)培养学生讲文明;完善相关评价制度,促进学生形成规则意识,明白有规则才能让班级生活更加温馨。

表 4-1　"小蜜蜂"班本课程之好习惯系列

课时内容	教 学 目 标
路队齐刷刷	1. 知道离开座位排队要做到快、静、齐,尽量站准位置,不推搡、不说话; 2. 站在队伍里挺胸抬头,目视前方,踏步有精神。
午餐静悄悄	1. 安静有序做好饭前准备工作,备齐餐具,用湿巾纸擦手; 2. 学会有序排队,安静拿饭盒、放饭盒、盛汤,向盛汤老师道谢; 3. 学习安静用餐,细嚼慢咽,尽量做到光盘的要求; 4. 吃完后把嘴擦干净,收好餐具,再出教室摆放空餐盒和汤碗。
如厕讲文明	1. 知道厕所基本设施,知道男女生不同的如厕位置、方式; 2. 懂得人多时要排队,如厕要关门,厕所内不玩耍,上完厕所要冲水,整理衣物; 3. 学会七步洗手法,适当使用洗手液,水龙头不开足,洗完手在水池里把手甩干。
课间有秩序	1. 知道课间首要做的是上厕所、喝水,再准备好下节课要用的物品; 2. 知道课间在走廊里活动不奔跑,靠右行走,轻声慢步文明休息。

2.齐护蜂巢,各显神通来出力

开展劳动教育活动,从学会叠校服、系鞋带、理书包、洗餐具入手,培养自理能力;学习擦桌子、用工具、洗工具等劳动技能,共同创造"蜂巢"的干净整洁;认养一只蜗牛、养护一盆植物,共同扮靓蜂巢。引导学生在个体与集体劳作中收获成长,感受到个人之于集体的价值。

3.共暖蜂巢,和和美美情意浓

"自爱者,人爱之;爱人者,人恒爱之。"制作自己的小名片,关注自己的性格、兴趣特点,正确看待优缺点,悦纳自己。描述同伴特点,开展"寻人启事",在猜一猜的互动中熟悉彼此;找到同伴,夸一夸、帮一帮、玩一玩,悦纳同伴。通过"闪闪发光的你我"活动,让班级更温暖。

"蜂采群芳酿蜜房",小蜜蜂们共筑蜂巢、共护蜂巢、共暖蜂巢,学会爱自己、爱同伴;初步具备了讲文明、乐交往的好品行,养成了爱劳动、守规则的好习惯,班集体成了我们成长的家园。

(二)开悟以明理,建团结互爱乐园

"开悟以明理"阶段,引导学生在各类活动中,拓宽视野,学习本领,明白做人的道理,丰富内心体验,释放成长的活力,促进班集体团结向上发展。

1.创先"蜂"小队,明务实之理

习近平总书记多次强调,"要大力弘扬劳模精神、劳动精神、工匠精神","让诚实劳动、勤勉工作蔚然成风"。学生以小队为单位,共同策划、各扬其长、自主分工,在课外时间走进社区开展了"骄阳下的坚守"和"寒冬中的温暖"活动,寻访身边的劳动者,向劳动先锋学习。

不仅寻先锋,还要做先"蜂"。在班级内寻找身边的小先"蜂":学习小先"蜂"、艺术小先"蜂"、爱心小先"蜂"、劳动小先"蜂"、岗位小先"蜂"、礼仪小先"蜂"、体育小先"蜂"等,不同特点的孩子被挖掘、被欣赏。

不仅争做先"蜂",还要争创先"蜂"小队。每个小队经过商议,认领一个班级区域,进行劳动比拼。为争当先"蜂",每位队员积极配合、人人努力,小队的事情一起做,集体意识不断强化,养成了会合作的好品行。根据活动的推进,适时调整评价方法,助推学生养成勤劳务实、坚持不懈的好习惯。

2.踏成长节拍,明责任之理

在学生成长的不同阶段,我们设置了小蜜蜂班级独有的仪式感:

甜蜜家庭日:回顾成长趣事,了解家庭大事,感悟生命的神奇,感受成长的喜悦。

在这一天用家务劳动、拥抱感谢等方式感恩父母的陪伴和付出,建立良好的亲子关系,明白自己在家庭中的责任。

温馨蜜友周:开展"5个温暖行动",为同伴制造一份份温暖,回赠一次次温暖,在一送一回的过程中拉近彼此间的距离,收获友谊,为营造互爱的班级氛围贡献力量,看到自己在群体中的责任。

快乐采风月:以月为周期,根据实践活动菜单,自主进行选择,参加丰富多彩的校内外活动,丰富实践体验,为美丽校园的建设和美丽社区的创建贡献力量,感受个人之于校园、社区的责任。

3. 探家班共育,明创新之理

充分挖掘家长资源,邀请家长"走进来":自动化软件介绍、人工智能体验、科技制作展示;家委会带领学生"走出去":参观华东师大物理实验室、上海交大 AI 学院。家班合力,拓宽学生的视野,增进他们对自动化软件、人工智能等高精尖科技领域的了解,培养他们的实践能力和创新意识,共同助力学生的全面、"新质"发展。

"花为媒,蜂为友",小蜜蜂团结互助、连影花中,在活动中创生,在活动中成长,形成了会合作、乐创新的好品行,养成了会欣赏、能务实的好习惯,实实在在地成长起来,班级形成了团结互爱的良好氛围。

(三)践行以成人,建开放博爱蜜园

"践行以成人"阶段,主要开展研学、宣讲红色、志愿行动,培育一颗红心,用实际行动表达家国情怀、责任担当;以实践体验活动引导学生关注世界,培养大视野、大情怀。

1. 红色研学,用脚步丈量家国

为了解四史、学习红色精神,小蜜蜂开展红色研学实践活动。通过"带着国旗走遍中国"的活动,走进党史纪念馆、革命英雄纪念馆……学红色历史、赞革命英雄,接受红色精神的洗礼,汲取榜样力量,勇敢面对挑战。

2. 志愿行动,用双手服务社会

党团员老师、家长共同组成"小蜜蜂导师团",宣讲英雄事迹、岗位模范故事。学生学英雄、践服务,联动同年级伙伴,走进对口幼儿园,助力弟弟妹妹了解小学生活;联合小区伙伴,争当志愿者,服务小区居民,让生活圈变得更加美丽、温馨;开展学雷锋活动,为山东和云南山区小伙伴捐书建造家庭图书馆。

"但得蜜成甘众口,一身虽苦又何妨",小蜜蜂服务他人、志愿奉献,从班级小主人到校园小主人,再到社会小主人,在不断丰富的身份中,渐渐意识到自己肩负的家、校、社、国的责任,责任感不断加强。

3. 走向世界,用梦想描绘未来

学生通过"小蜜蜂课程之走向世界"班本课程,合作探究各国风土人情、历史文化,以包容开放的心态尊重差异。与英国小学生进行书信交往,深度了解异域文化,开阔国际视野。用画笔描绘未来世界,他们的梦想共同编织成了未来世界的模样。

"小小微躯能负重,器器薄翅会乘风",小蜜蜂以小小的身躯践行国家小主人、世界小公民的责任,努力成为能够担当大任的新时代接班人。蜂巢成为他们开放视野、博爱天下的蜜园,他们的身上不断迸发新的力量,飞向更广阔的空间。

家长感言:

作为家长,我深感孙老师对仁爱教育的重视。她主动了解闵行博物馆的展览,筛选出适合孩子的内容,并鼓励我们家长一同参观。考虑到学生可能难以理解,老师还联系了社区学校,安排孩子们参加"子曰"研学活动。通过这次展览,孩子们不仅被丰富的展品吸引,更深刻理解了孔子的仁爱思想。孙老师不仅传授知识,更注重品德教育,这样的教育方式让我们家长深感欣慰。她用心良苦,为孩子们的成长播下了仁爱的种子,铺设了坚实的基石。我们衷心感谢老师的辛勤付出,期待更多这样的教育活动,引领孩子们走向更美好的未来。

——闵行区实验小学(景城校区) 张同学妈妈

记得有次孩子在学校与人打架,我焦急万分。但老师的处理方式让我备感安心。她不仅细致询问了事情经过,更用背靠背游戏这一独特方式,让孩子们亲身感受到友好相处、互相信任的重要性。老师还主动邀请我们双方家长沟通,共同商讨如何在家加强对孩子的教育,引导他们学会与同学和睦相处。这让我深刻感受到孙老师对爱的教育的重视,她不仅关心孩子的学习,更重视培养学生的爱与善良。衷心感谢孙老师的用心和付出,她的智慧和爱心,也时刻影响着我们的家庭教育。

——闵行区实验小学(景城校区) 白同学妈妈

班主任体会:

作为班主任,开展仁爱教育让我深刻认识到,仁爱不仅是中华优秀传统文化的核心,也是构建和谐社会、培养未来人才的基石。通过组织学生参观"子曰"孔子生平展,学生不仅亲身感受仁爱思想的源远流长,更在实践中体会到团结友爱的力量。这样的教育有助于学生从小树立正确的价值观,学会尊重和关爱他人,这对于他们的成长和未来的社会生活至关重要。同时,这也促进了家校社的联动,让家长和社会共同参与到孩子的道德教育中,共同为培养有责任感、有爱心的下一代而努力。通过这些活动,我更加坚信,仁爱教育能够为学生成长、国家发展和人类文明的传承注入源源不断的正能量。

——闵行区实验小学　孙青阁

以"三美"赋能　育"三好"学生

上海市闵行区莘庄镇小学　范　君

(一)低年级:发现"美"的源泉,建设"和美"班级

学生在班级生活中,做有心人,能够发现自己的"美好",同时也能够发现他人的"美好",在人文环境中挖掘善行与美德,来自班级成员之间的相互尊重与支持,建设和谐班级,让每个学生内心得到愉悦和满足。

1. 环境赋能——创建班级美文化

班级文化是班级的灵魂。我和学生一起确定了把"美好"作为班级文化建设中班训、班级口号、班级公约、班级岗位、温馨教室布置等的关键词,建立学生内心的归属感,让学生真正融入校园,融入班级。苏霍姆林斯基说:"孩子在学校走廊的墙壁上、教室里、活动室里,经常看到的一切,对于他们的精神面貌的形成具有重要意义。"一个温馨和谐的教室环境能让学生有家的安全感,也有利于增加老师与学生之间的温度。

我们分场域布置教室环境(见图4-2),有"开盲盒读物"的阅读交换区域,营造生生间的温情;有"梦想墙"的励志区,创建一个区域,让学生可以贴上自己的梦想

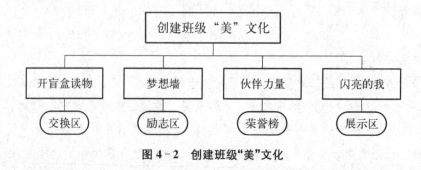

图4-2　创建班级"美"文化

和目标;有"伙伴力量"的荣誉榜,营造团结向上的氛围,还有每月呈现学生"闪亮的我"优秀作品的展示区,鼓励创作者的同时也激励着其他学生;有"未来邮局",让学生写下对未来的自己想说的话,也可以让学生写下自己的未来愿望。每一面墙壁都会说话,每一面墙都赋予其意义和价值,让学生在独特的班级文化氛围中找到集体生活的归属感。

2.外物赋能——创造成长小空间

设立一个奖励制度,当孩子们表现出友好、合作和善良的行为时给予认可与奖励。组织定期的交流会,让孩子有机会分享自己的感受和经历,倾听他人的故事,增进相互理解和支持。

3.内心赋能——创设心灵加油站

教育孩子认识和表达自己的情绪,比如通过绘本故事、角色扮演或情绪卡片来帮助他们理解不同的情感。设置一棵心愿树,让孩子们写下自己的愿望并挂在树上,老师和家长可以帮助孩子讨论实现愿望的途径。

4.他人赋能——共建小小伙伴团

利用各种有趣的游戏和活动来培养孩子们的团队合作精神,比如接力赛、团队建筑任务或者角色扮演游戏。根据每个孩子的能力和兴趣进行简单的分工,让每个孩子都有机会参与并贡献自己的力量。

5.家校赋能——共同搭建"逐美桥"

俗话说:"情感是教育的桥梁。"家校之间的沟通显得尤为重要。家庭是学生的避风港,学校则是他们成长的摇篮。家校之间的有效沟通,如同架起了一座通往成功的桥梁,可以让学生更加从容地面对高考的挑战。通过家访活动、家长会等方式,再通过面对面的交流,让学校和家庭更加紧密地联系在一起,共同为学生的未来助力。

(二)中年级:追寻"美"的形态,建设"尚美"班级

承接第一阶段,借助岗位育人、活动育人,形成以"美"为导向的教育环境,从而建设一个"崇尚美、创造美"的班级,让每个学生不断追求内在美与外在美的统一,提升朝气。

1.职责赋能——履"美"岗位

班级是学生学习生活的集体,是健康成长的家园。班主任要赋予每个学生参与班级事务的权利,激发他们自主管理班级的意愿,将主动权和选择权交到学生手里,让他们真正成为班级生活的小主人。

（1）小岗位应聘会：1＋1＞2

小岗位设置（见表4-2）是班级建设不可或缺的环节，旨在让每个学生都能找到适合自己的小岗位，全面参与班级建设，并正确认识小岗位背后的责任。我立足学生需求，激发其潜能，确保小岗位运转高效、有序并不断创新。为此，我实行小岗位责任制，以"现实需要、责任担当、爱岗敬业"为导向，结合个人与团队双模式进行岗位应聘。简单的岗位由个人负责，有挑战的岗位则由团队共同承担。我根据学生的特长和能力进行岗位分配，确保每个学生都能在自己擅长的领域发挥最大潜力。通过小岗位的设置，我培养学生具备责任心、担当精神，形成美好的品质，并实现"1＋1＞2"的合力效应，共同为班级的发展贡献力量。

表4-2　班级岗位设置表

场所	岗位类别	岗 位 名 称
班级小岗位	管理类	失物保管员、图书角管理员、公用物品管理员、电脑管理员、运动器材管理员、衣服整理提醒员、公共物品领取员、传达室快递员、教具管理员
	环保类	节能小卫士、绿植养护员、垃圾分类员
	宣传类	天气预报员、教室板面美容师、行规示范员、报刊收发员
	整理类	雨具收纳员、桌椅小卫士、门窗通风员、作业本整理员、作业本发放员
	检查类	红领巾检查员、个人卫生检查员、班级核酸检查员、午餐小督查、课前准备提示员、两操巡逻员、仪表检查员
	防疫类	防疫物资管理员、体温测量员、核酸码管理员、口罩佩戴提示员
	爱心类	爱心记录员（作业）、卫生室护送员
	机动类	替补员

（2）小岗位轮换制：岗位代理人行职责

小岗位轮换制，不仅尊重每名学生的意愿和需求，确保人人有岗、岗岗必轮，更让每名学生都有机会体验不同岗位的魅力。同时，为应对突发情况，我们还设立了岗位代理人制度，确保在同学病假、事假等无法履行岗位职责时，有代理人能够及时顶替，保证班级各项事务的正常运转。重要的是，我们始终强调，岗位不是权力，而是责任和服务。学生应主动承担自己的任务，乐于帮助他人，积极为集体贡献力量。

2. 活动赋能——创"美"品牌

以"美好时光"活动品牌建设为载体,推出了"美好时光微讲堂""美好时光悦读坊""美好时光亲子舞台"三大系列特色项目(见图4-3)。以家校合作增强教育能量,培育好习惯为人生奠基,用"美好时间"成就学生小学阶段的美好时光,更成为通向他们美好未来的幸福之门。

美好时光微讲堂
通过微信、短信举办故事赛,空中微课堂启发家长,家庭微故事展现"快乐成长N事"及育儿哲理。家校协同,鼓励家长参与创作录制。

美好时光亲子舞台
家长孩子共展才艺,歌舞小品诵经典,亲子互动乐融融。家校协同育英才,情感联系更深厚。

美好时光悦读坊
倡导"舒心阅读,追求美好",围绕"儿童读书日"与"亲子阅读行动"家校共研,助力亲子阅读,时刻追寻美好时光。

以"美好时光"活动品牌建设为载体,推出了"美好时光微讲堂""美好时光悦读坊""美好时光亲子舞台"三大系列特色项目,以家校合作增强教育能量,培养好习惯为人生奠基,用"美好时间"成就学生小学阶段的美好时光,更成为通向他们美好未来的幸福之门。

图4-3 美好时光活动品牌建设

(1) 美好时光微讲堂

通过微信、短信等平台,开展小故事比赛;通过空中微课堂开展微讲座启发家长;通过家庭微故事形式,开展家庭小品"快乐成长 N 事"及育儿哲理故事的微视频发布。在微故事中充分发挥家校协同作用,鼓励家长参与创作与录制节目。

(2) 美好时光悦读坊

讨论活动提倡"舒心阅读、追求美好"的理念,围绕"世界儿童读书日""亲子阅读推广行动"进行家校协同的主题研讨,为亲子读书活动养成"时时刻刻追寻美好"起到了积极的帮助和指导作用。

(3) 美好时光亲子舞台

通过搭建亲子舞台,为家长与孩子提供一个展示才艺、分享快乐的平台。活动鼓励家长与孩子共同编排表演节目,展现家庭和谐氛围与亲子之间的默契。舞台表演形式可多样,包括歌舞、小品、朗诵等,旨在让家长与孩子共同参与,享受亲子互动的乐趣。通过美好时光亲子舞台,进一步促进家校协同育人,加深亲子之间的情感联系,共同创造美好回忆。

3. 团队赋能——促"美"团建

(1) 开设"美工坊"

成立"小小美工坊",通过讨论决定活动的主题,如"节日庆典""未来世界"等;小组成员共同动手,利用提供的材料创作出符合主题的立体作品;展示自己的作品,并简单介绍创作理念和过程;评选最具创意和美观的作品,颁发"美工坊小艺术家"奖状。

(2) 探索"美育"之旅

有研究表明,孩子在自然的环境下学习和体验,会激发他们的潜在能力,助力他们培养美的品格和习惯。组织学生进行校园内外的自然观察活动,让学生寻找并记录下他们认为美丽的景物,如花朵、树木、云彩等。学生可以用绘画、摄影或文字形式展示自己发现的美景,并在团队中进行分享。在欣赏美、记录美的过程中,孩子的内心也会得到净化。

(3) 创办"美德"剧场

通过角色扮演的方式,让学生理解不同的"美"。我鼓励学生设计一系列简短的剧本,涉及诚信、勇敢、友爱等美德主题,让学生分组进行小品创作和表演。每组选择一个美德主题,共同编写故事情节,分配角色,在小剧场展示活动中进行演出。通过戏剧的形式,让美德教育生动有趣,深入人心,升华对"美"的理解。

4. 展示赋能——扬"美"风采

(1) "美之智慧"知识竞赛活动

激发学生的学习兴趣,培养他们追求知识和真理的美好品质。在班级中举办各类学科的知识竞赛、创意思维挑战赛等。通过这些活动,学生可以在追求学习成就的同时,学会合作、创新和解决问题。

(2) "美之舞台"才艺展示活动

鼓励学生发掘和展示自己的艺术才能,培养审美能力和表达能力。为学生搭建展示平台,学生可以报名参加各种才艺表演,如唱歌、跳舞、乐器演奏、朗诵、戏剧表演等。通过这样的活动,学生可以充分展示自己的特长和个性,同时也能欣赏到他人的才艺,共同营造班级的艺术氛围。

(三)高年级:成就"美"的价值,建设"承美"班级

在实践教育中不断发掘和扩展美的内涵,让学生认识"美"的价值,融入实践思

考中,将"美"的理念和实践作为班级文化核心,并表现出我们班级特有的品质和突出成绩。

1. 品质赋能——树"美"标杆

我们以演讲教育为平台,为孩子们创造了一个生动有趣的展示舞台,让他们在欢乐中养成良好的行为习惯。与传统的演讲培训不同,我们引入了动物王国的元素,让演讲活动变得像一场游戏般充满乐趣。孩子们和家长戴上熊猫道具,化身可爱的熊猫角色,共同参与这场特别的演讲盛会。每期活动,孩子们可以自主选择角色,如才艺熊猫、博学熊猫、主持熊猫等。通过角色扮演,他们不仅锻炼了演讲能力,还增进了亲子关系。这样的活动形式,既让孩子们在轻松愉快的氛围中学习成长,又让家长们陪伴孩子度过了一段难忘的时光,真正实现了"童真最珍,成就美好"的教育理念。

2. 传承赋能——承"美"责任

(1) 跨年级牵手共融

毕业季,感恩母校,回馈母校,学生将五年来寻得的"美"传承给学弟学妹。通过"大手牵小手"活动,我们与一年级孩子共同开展"三好"活动,说"好"话,做"好"事,读"好"书,帮助一年级的学生认识自己、悦纳自己,助力他们建设"和美"班级。

(2) 续航志愿服务活动

成就自我"美"的同时,传承"美"。要培养学生的责任心,弘扬品德"美",扩大影响力。组织学生参与社区服务——我的楼道小贴士,组织学生保护环境——我给小区添份绿,组织爱心义卖——给山区娃娃送温暖等志愿活动。这些活动不仅有助于学生实践社会责任和人文关怀,还能够让学生在服务过程中感受到帮助他人的美好,从而内心得到满足和提升。

特色和成效

(一) 特色

班级活动是提升学生社交技能、团队协作能力和集体归属感的强有力的载体和途径。在班级建设中,依托班级活动,构建起以培养"三美"好少年为目标的"美好"班级活动体系,凸显班级特色品牌。

活动举措:遵循小学生身心发展的规律,满足学生成长的需求,依托年段目标,整合活动资源,精选内容,凝聚家校社育人合力,对班级活动进行系列化长程设计。

特色体现:针对低中高三个年段的教育目标,结合班级情况和学生特点,将

"三美"共同体、"三美"实践路径、打造"三美"好少年贯通实施,创新形成了具有教育性、多元化及可持续发展的系列活动,见表4-3。

表4-3　不同年段"三美"活动设置

年　段	活　动　主　题	系　列　活　动
低年级	"和美"班级我来建	环境赋能——创建班级美文化 外物赋能——创造成长小空间 内心赋能——创设心灵加油站 他人赋能——共建小小伙伴团 家校赋能——共同搭建"逐美桥"
中年级	"尚美"班级共荣光	职责赋能——履"美"岗位 活动赋能——创"美"品牌 团队赋能——促"美"团建 展示赋能——扬"美"风采
高年级	"承美"班级同筑梦	品质赋能——竖"美"标杆 传承赋能——承"美"责任

（二）成效

1. 学生大放异彩

学生在探索中发现自我潜能,从内心深处接受每个人都是独一无二的个体,学生重新认识自己,悦纳自己。学生在活动中发挥自我价值,展现个人风采,从"自信"走向"自立","自立"迈向"自强"。在活动中磨炼自己,在实践中实现社会价值。用行动追寻美好,每一步都坚定而有力。他们成就美好,人格魅力也光芒四射。

2. 班级蓬勃发展

班集体的变化更是让人欣慰。曾经的班级只是一群个体的集合,如今却凝聚成一个有着共同目标和价值观的团队。从"和美期"的各美其美,到"尚美期"的美人之美,再到"承美期"的美美与共,同学们相互尊重,互帮互助,班级氛围温馨和谐。集体活动不再只是简单的参与,而是一次次心灵的交流和精神的碰撞,他们感受到活动带给他们的内生力。五年下来,班级交出了一份份满意的答卷:"校五星班级""区小队展示一等奖""区红领巾广播大赛特等奖""区幸福少先队集体""四星章集体""全国优秀中队"……留下了弥足珍贵的经验与"美好"回忆,构筑起一个"和美""尚美""承美"的优秀班集体。

教育是一场双向奔赴,以每一次互动为新的起点,明确目标,梳理方法,树立信心,达成共识,携手同心,共育"三美"好少年!

家长感言:

说起仁爱,范老师无时无刻不影响着我们班的孩子们。

其中给我印象最深的要数上次大队竞选活动,因为我出差在外,投入精力少,以至于竞选材料准备得有些潦草,孩子大比分落榜。细心的范老师第一时间便把这个结果告诉我,叮嘱我作为家长要做好小朋友的心理建设,一定记得好好宽慰,不要让这次竞选影响到她的自尊心和进取心。等孩子放学回来,我特意和她聊到这件事,没想到孩子比我原想的坚强冷静许多,原来是范老师在竞选结束的第一时间便温柔坚定地告诉孩子,这次竞选失败没关系的,它只能代表这次准备得不够充分,在范老师心目中她还是那个活跃、认真的好孩子。在范老师的鼓励下,孩子内心的失落被班主任温柔的话语抚平,这次竞选非但没有留下任何阴影,反而成为今后更加认真对待学习,更加积极参与班级活动的力量源泉。

上海市闵行区莘庄镇小学　岳同学妈妈

一所好的学校犹如一座璀璨的灯塔,照亮学生前行的道路。在我的理解中,爱的教育必然还有一层信任的意思。前不久学校组织了一次趣味运动会,四年级有一个跳绳的比赛。这是一个团队配合的项目,班主任范老师在班级里组建了一支正式队伍和一支后备队,由我女儿负责组织,要求每天早上提早到学校进行训练。初冬的季节,一个多星期的训练,范老师给予了充分的信任。学生自行组队,自主训练,整个训练的过程,没有一个孩子缺席过。参赛的孩子有人数的限制,可想加入跳绳队伍的孩子却源源不断增加,怎么办?班主任智慧地解决了这个问题,她增加了一支后备队,既满足了这些没能成功入选班队的孩子一起训练,共同锻炼身体的愿望,又为正式比赛中的突发情况做好了充足的准备。最好的老师应该就像背景音乐一样的存在,润物无声又彰显力量;最优秀的学生,他们需要更广阔的发展空间,在没有过多约束的环境中,他们的才华得以充分展现,智慧得以无限拓展。

上海市闵行区莘庄镇小学　朱同学爸爸

班主任体会:

作为班主任,我深刻体会到仁爱教育在带班育人中的重要性。在我的班级里,我始终致力于关注学生身心发展,通过活动育人给予学生自信与力量,让学生在校园生活、在班级活动中感受爱的同时,学会爱,分享爱。

活动中,我注重融入仁爱的理念。一方面,我会开展一些与"爱"相关的主题活动,鼓励学生积极参与社区服务、志愿者活动等,让他们在实践中体验到帮助他人的快乐与满足感；开展感恩活动，写信寄信，互赠感恩卡片，向身边人表达感恩之情。另一方面，在各种大小活动中，让学生感受"爱"。活动中，我会倾听学生心声，采纳学生建议，及时沟通，个性化关怀。

开展活动的目的之一是提升学生各方面综合能力，同时，我也希望学生在活动中能够有情感上的体悟。

上海市闵行区莘庄镇小学　范　君

生有爱，行以致远

教师以仁爱之心施教，在日常点滴中传递温暖，学生耳濡目染，于心底种下爱的种子。课堂上耐心答疑，生活中贴心关怀，让学生感知爱、理解爱，进而内化为自身的品质。当学生心中有爱，"行以致远"成为必然。这份爱转化为克服困难的勇气，面对学习瓶颈、成长挫折，因关爱他人的责任、追求梦想的执着而砥砺前行。仁爱搭建起师生、家校、学生与社会间的桥梁，助力学生在成长路上越走越稳，拓展人生边界。

育人故事一

微公益　大成长

我是一名小学的班主任，今年是我做班主任的第15年。我觉得虽然我是天下最小的主任，但是我却承担着大大的责任，不仅要教给学生知识，更要让他们明白自己所要承担的责任。

残破的课桌，简陋的书架，简简单单一块黑板，这是跟我们共建的一所贵州的小学。当我们的孩子们在明亮的教室里看到这一切的时候，已经迫不及待地举起了小手。没等我开口动员大家捐款捐物，一颗颗爱心已经呼之欲出。

"老师，我捐20元。""我回家就问我爸爸要100元。"……作为一名专业的班主任，我想，开展这样的结对助学活动，不仅是为了筹集善款，更要通过这样的活动让孩子们懂得什么是公益活动，为什么要做公益活动，如何做好公益活动。我希望我们的孩子心存大爱，用自己的力量做好公益。

于是，我带着孩子们，怀揣着公益之梦，踏上了共同成长之路。

什么是公益活动？午会课上，孩子们七嘴八舌地谈起了自己对公益活动的粗浅认识。有的说做公益就是捐钱；有的说做公益就是去做志愿者，要为社会做贡献;还有的说公益是爱的传递,做公益的人越多,社会就越温暖。这时候,我打心底为孩子们喝彩。

"可是,做公益活动需要钱,我们还小,没有经济来源,怎么办呢?"一语激起千层浪。"对噢,我们这次助学活动是需要捐钱的,不向爸爸妈妈要,哪里来的钱呢?"

这时候,号称"小机灵"的小王提议班级开展一次街头"卖艺"。这个小家伙见多识广,曾经在澳大利亚游学,看到当地的街头有许多人在卖艺!这真是个好主意!班级很多同学都会弹奏乐器,小王同学的提议几乎是一呼百应。可是不会乐器的同学怎么办呢? 老师,我可以卖衍纸钥匙扣;我会唱京剧;我们可以设计好玩的游戏,让小朋友们来套圈……

同学们纷纷行动起来。为了筹得更多善款,小王每天在家苦练琴技;小张在妈妈指导下制作了精美的衍纸工艺品;小刘和几个小伙伴设计了好玩的游戏,吸引小朋友参与……大家都在努力通过自己的劳动筹集善款。

筹款活动开始了,虽然孩子们的表演略显稚嫩,但依然吸引了很多人来围观,广场上人头攒动,孩子们也很兴奋。当天的公益活动非常成功,孩子们看着满满的收获,脸上洋溢着笑容。看着他们成功地迈出了公益活动的第一步,我真为他们感到高兴。

没想到当天晚上就接到了一个电话。小李同学在家发脾气呢,好几天都没搭理妈妈了。经过了解,我才知道原来义卖那一天,妈妈喊来姑姑帮忙捐款。孩子认为,即使需要姑姑帮忙,也应该由自己亲自去说动姑姑,用自己的才艺让姑姑心甘情愿地付出自己的一份爱心,这才是他真正的成功。而妈妈则表示自己是因为看到他们小组没筹到多少善款,怕比不过其他小组,才让姑姑赶来帮忙的。

第二天,我悄悄去了解了一下,原来爸爸妈妈喊来的支援大军不仅是小李的姑姑,很多家长也有着同样的担心,都呼朋唤友前来帮助孩子们呢,怪不得当时的场面那么热闹。

哎……爸爸妈妈其实太着急了,孩子们需要慢慢成长,才能积聚能量,蓄势待发。回想小李生气和委屈的表情,我不由深思:家长们这样的支援好不好? 答案显然是否定的。孩子们需要依靠自己的力量去成长,我们是孩子成长的引路人。

班会课上,孩子们都说出了自己的心里话:是我们自己要献爱心,那要依靠我们自己的力量。爸爸妈妈太急了,但我们要从小学本领才能长大啊。我们现在还小,就做小公益,将来我们长大了,就能做大公益了。

班会结束后,孩子们纷纷以爱的名义给爸爸妈妈写了一封信:"我们要学会长大,请放手让我们自己走……"

孩子们真的长大了,公益的种子播撒在孩子的心田。我们期待着这颗种子能生根发芽。

读书节来临之际,孩子们萌生了"为嘉绍小学的孩子们建造一座图书馆"的想法。"我们能不能发动全校同学和我们一起来完成这一次的捐赠呢?"孩子们能从自己做公益到邀请全校同学一起做公益。我很惊喜,看来,爱的种子正在成长。

班委有模有样策划起了图书捐赠活动。当孩子不敢进入其他班级宣传活动,不知道怎样快速整理图书时,我们的家长看在眼里,急在心里,想出手,又怕不利于孩子的成长……是啊,不经历风雨怎能见彩虹?不经历摔跤,又怎能学会站立?

家长们只能一次又一次地陪着孩子在家里练习,孩子们也想出了向图书馆的老师寻求专业帮助的好办法……

在家委会的协助下,一箱又一箱的书籍运到了山区,运到了嘉绍小学。很快,嘉绍小学的孩子们的信如雪花般飞来了,班级的孩子们读了一遍又一遍,爱不释手。

记得于漪先生说过,教师就是一个肩膀挑着学生的现在,一个肩膀挑着国家的未来。所以教师在开展活动的时候,既要立足于学生的现状,更应着眼于学生未来的发展。

在一次次的微公益活动中,孩子们去体验、理解了志愿者的精神。只要人人都献出一点爱,世界将变成美好的人间。我就是想通过这种和同龄人的互动关爱,让他们从小做一个有爱的人,一个会爱别人的人。我知道我们的微公益活动力量是有限的,但孩子们的爱却是无限的。

在班级活动中,班主任不但要影响学生,还要影响家长,让家长真正成为孩子的引航人,家校携手,成就孩子,成就"爱"。

听,我似乎听到了拔节的声音。太动听了,我爱听这样的声音。

上海市交通大学附属闵行马桥实验学校　俞冬华

学生感言:

活动结束后,我收到了来自贵州小伙伴的信,我在信中感受到了他们的快乐。那一刻,我真正体会到了公益活动的意义所在。它不仅是筹集善款那么简单,更重要的是通过我们的努力,让更多的人感受到爱与温暖。我也希望今后能有更多的机会参与公益活动,让自己的爱心得以延续。我要用自己的行动去传递爱与温暖,去帮助那些需要帮助的人。

上海交通大学附属闵行马桥实验学校　林同学

在筹款活动中,我们遇到了很多挑战。有的同学因为缺乏经验而显得有些紧张,有的同学则因为家长的过度参与而感到不满。但无论如何,我们都没有放弃,而是相互鼓励、共同面对。最终,在大家的共同努力下,我们成功地筹集到了一笔可观的善款。这次的成功让我更加明白团队合作的重要性。每个人都有自己的优点和不足,但只要我们能够相互信任、相互支持,就一定能够战胜困难、取得成功。同时,我也深刻体会到了公益活动的意义所在。它不仅是筹集善款那么简单,更重要的是通过我们的努力,让更多的人感受到社会的关爱与温暖。

上海交通大学附属闵行马桥实验学校　钮同学

合作"进化论"

队长罢工,小队活动搁浅

"老师,我要罢工! 我不想当这个小队的新闻播报队长了!"

正当我结束了班级每周一次的小队新闻播报,准备回办公室时,向日葵小队的队长小 H 略感愤怒地对我喊道。

我一听十分疑惑,要知道向日葵小队的新闻播报一直做得很出色,小 H 也是个很有责任心的小队长。一番沟通后,我了解了事情的原委:原来上一次,向日葵小队的新闻播报任务几乎都是队长一人完成的,虽然前期有分工,但不是这个同学要上兴趣班,就是那个同学要外出,总是状况不断,队长只好自己做"老黄牛"准备好一切,队员只负责演讲。眼看着新一次的新闻播报又要来了,小 H 不得不开始担心……

摸底行动,合作问题曝光

小 H 的焦虑点醒了我:孩子们的新闻播报遇到了瓶颈! 于是,我迅速集合全体小队长开展了一次摸底行动。没想到,他们的烦恼还真不少:

"进行小队播报之后,出点子的人多了,有时候大家都坚持自己的想法,谁都不肯退让。""人一多,讨论时间总是很难凑到一起,有的人觉得有事就不来了。"

"有的人在小队活动时当起了'甩手掌柜',什么事情也不做,就等着队长。"

…………

一番聊天之后,我发现小队合作时队员们缺少分工、不会商量、没有责任担当意识的情况不在少数,我不由得为自己的疏忽而懊恼。

故事启迪,合作方法探讨

由此,我深感组织一次主题班会的必要性。在这个主题班会上,我向大家出示了一段视频,视频中是一位航天研究员向大家介绍火箭发射背后的故事。

当孩子们听到火箭发射需要几万人的团队共同合作时,非常震惊。航天研究所的叔叔还告诉大家,每一个研究所都有自己擅长的领域。一个航天器的发射,需要不同的研究所分头完成不同的任务,有的在上海,有的在北京,有的在海南。虽然分处各地,但大家还是能够齐心协力,成功完成发射任务,没有一次失误。显然这样的合作让孩子们感到十分震撼。

由此,我让孩子们思考,一个小队新闻播报应该怎么分工完成。一番思考后,孩子们纷纷提出:

"我们可以把播报内容分成不同板块,大家各自认领。"

"擅长朗读的进行播报,擅长做 PPT 的负责制作 PPT。"

"自己认领了什么任务就要自己去完成。"

"万一遇到了困难可以请别的队员来帮忙。"

就这样,大家你一言我一语,提出了很多合作的好方法。在此基础上,我让孩子们提炼出小队新闻播报的原则:

① 小队播报原则:播报有分工、人人能参与、有事能商量、说到要做到。

② 小队播报形式:一人主持、多人撰稿、分头练习、集体彩排。

③ 我们的目标:$1+1\geqslant 2$。

有了这一原则,小队新闻播报质量有了显著的提升。他们选择的新闻更受欢迎,播报的语言更加流畅,同伴间的配合更加默契,经常能在课余时间看到他们结伴练习。

我也在每次新闻播报后特意留出几分钟时间,让播报的小队说说自己准备的过程,对他们合作中好的做法进行肯定。

经验迁移,合作能力升级

新闻播报的质量提升了,那其他的小队活动呢?恰逢学校开展"幸福实践之旅"活动,要求孩子们到校外开展小队志愿活动。我引导孩子们思考:这样的小队活动和新闻播报有什么相似之处?怎样把在新闻播报中获得的活动经验,运用到小队志愿服务中?我利用日常的午会、班会课进行了方法指导,带领学生共同制定了小队活动公约。

阳帆中队

——小队活动公约

明确分工　责任到人

发挥特长　主动帮忙

有事协商　相互鼓励

公约是制定了，它是否能真正发挥作用呢？于是，当向日葵小队的队长主动向我提出他们要承担给一年级弟弟妹妹讲航天故事的任务时，我顺势提出进入小队观摩的要求。在跟随孩子们活动的过程中，我发现孩子们展现出了一些可喜的变化：

当面对丰富多样的航天故事不知道该选择哪个时，他们不再争得面红耳赤，而是默契地选择制作问卷，通过投票确定了主题；当面对校内时间有限、校外活动多的困境时，他们不再只想自己，而是积极利用碎片时间，还想出了线上和线下结合的讨论办法；在讨论 PPT 制作时，孩子们一致推荐擅长信息技术的小 A，原本有些内向的他也一口答应下来，利用自己的休息时间制作出了精美的 PPT；更让人惊喜的是，当队员们几经思考确定故事内容，做好 PPT 之后，还有队员根据自己播新闻、听新闻的感受，提出了创编故事漫画的想法，得到了队员们的一致赞同。于是，孩子们又开始了新一轮分工，你找资料、我画图，你上色、我写文字……每个人都有条不紊地忙了起来。

几天后，向日葵小队的成员们走进了结对班级，从弟弟妹妹闪亮的眼睛里，我看到了他们最灿烂的笑容，看来孩子们的合作能力切实得到了提升。

合作是当代社会必备的品质，在一次次小队活动中，孩子们的合作能力不断升级，让他们既发挥个人优势，又主动协助他人，能够助力孩子更好地适应未来的社会生活。

上海市闵行区实验小学　曾祥云

学生感言：

参加小队活动，我收获满满！一开始，新闻播报乱成一锅粥，大家都没经验，矛盾重重。可自从老师给我们看了航天团队协作的视频，我深受触动，原来分工明确、齐心协力能创造奇迹。之后在准备航天故事分享时，变化特别明显。选主题时，我们不再争吵，而是用问卷投票；制作 PPT 有同学主动担责，大家也互相帮忙。我也鼓起勇气，提出创编故事漫画，居然得到大家认可。这次活动让我明白，合作能汇聚力量，发挥各自所长。未来我要带着这份团结精神，去迎接更多挑战！

上海市闵行区实验小学　杨同学

以前小队活动总是乱糟糟,新闻播报差点"黄"了,我作为队长又累又委屈。但经历这些后,我感触特别深。看了航天视频,我才明白齐心协力力量大。现在我们分工明确,擅长啥就做啥,遇到困难大家一起商量,不再"各自为政"。像给一年级弟弟妹妹讲航天故事那次,从选主题到做PPT、编漫画,每个人都出份力,特有成就感。我学会了倾听他人想法,也懂得担当责任,不再轻易说放弃。以后再有活动,我更有信心,相信我们能越做越好!

上海市闵行区实验小学　金同学

小学生"仁爱教育"现状的调查问卷(学生卷)

同学你好!

"仁爱"是我国传统美德之一,它的内涵包括多个方面,如尊重他人、关心他人、帮助他人、宽容他人等。为了了解"仁爱教育"对当前小学生意识与行为状况的影响,我们特别邀请你参与本次调查问卷。本问卷的结果将只用于"仁爱教育"研究,对你的答案我们会严加保密,不会给你的学习和生活带来困扰,希望你能根据自身实际情况认真填写,谢谢合作! 祝你身体健康,学业顺利!

一、基础信息

1. 你的性别是( )

A. 男   B. 女

2. 你所在学校的性质是( )

A. 公办小学   B. 民办学校(随迁子女学校除外)

C. 随迁子女学校   D. 九年一贯制学校

3. 你所在的年段是( )

A. 低年段(一、二年级)   B. 中年段(三年级)

C. 高年段(四、五年级)

4. 你的家庭主要成员有哪些? (多选)

A. 父亲   B. 母亲

C. 祖父母(外祖父母)   D. 兄弟姐妹

E. 其他:＿＿＿＿＿＿＿＿(请填写)

二、问卷内容

5. 你认为什么是"仁爱"? ( )(多选)

A. 爱党、爱国、爱人民   B. 对人对事有规矩

C. 爱己、爱人、爱物、爱自然的品格　　D. 其他：＿＿＿＿＿＿＿＿（请填写）

6. 你认为什么是爱国?（　　　）(多选)

A. 认识并尊重国家象征(国旗、国徽、国歌等)

B. 了解国家历史和优秀传统文化

C. 了解英雄人物,传承优秀品质

D. 遵守国家法律法规

E. 维护国家利益和尊严

F. 关注国家大事

G. 参加各种爱国主义教育活动、志愿服务活动等

H. 其他：＿＿＿＿＿＿＿＿（请填写）

7. 哪些规矩是小学生必须遵守的?（　　　）(多选)

A. 认真听讲,独立作业,主动学习　　B. 尊敬师长,主动问好

C. 关心父母,孝敬长辈,友好伙伴　　D. 遵守网络道德和安全规定

E. 遵守公共秩序　　　　　　　　　　F. 其他：＿＿＿＿＿＿（请填写）

8. 什么是友善?（　　　）(多选)

A. 有同情心,关爱小动物　　　　　　B. 爱班级,爱学校

C. 尊重同学,珍爱自己　　　　　　　D. 经常帮助身边的人

E. 包容和理解同学　　　　　　　　　F. 乐于合作

G. 其他：＿＿＿＿＿＿＿＿（请填写）

9. 你是从哪些途径了解到"仁爱思想"的?（多选)

A. 家长告知　　　B. 学科学习　　　C. 自主学习　　　D. 社区宣传

E. 伙伴沟通

F. 各类活动(如班会、队会、校园活动等)

G. 其他：＿＿＿＿＿＿（请填写）

如果选择 C,请完成第 10 题,否则请直接完成第 11 题。

10. 你是通过哪些方式进行自主学习的?（　　　）(多选)

A. 上网　　　　　B. 看电视　　　　C. 听广播　　　　D. 报刊

E. 看书　　　　　F. 其他

11. 当你犯错时,你的父母一般会怎么做?（　　　）

A. 很生气,不问缘由大声责骂,有时还会动手

B. 虽然生气,但会询问原因,下令不允许再发生类似事情

C. 心平气和地了解原因,并一起讨论解决的方法

D. 视而不见,让我自己解决问题

E. 安慰我,替代我去解决问题

F. 其他:＿＿＿＿＿＿(请填写)

12. 当父母教育你时,你是怎么做的?(   )

A. 都是老生常谈,不想听　　　　B. 不同意他们的观点,顶回去

C. 点头回应,但听过算过　　　　D. 思考一下,觉得对的就接纳

13. 当你犯错时,你希望父母怎么做?(   )

A. 安慰我,替代我去解决问题

B. 询问原因,一起讨论解决的方法

C. 不要介入,自己想办法解决问题

D. 不直接介入,但关注过程,在关键处指点

E. 其他:＿＿＿＿＿＿(请填写)

14. 你对父母或长辈有过以下哪些行为?(   )(多选)

A. 主动做家务

B. 言语上关心

C. 自己的事情自己做,不给父母添麻烦

D. 帮父母解决一些问题

E. 几乎没有做过

F. 其他:＿＿＿＿＿＿(请填写)

15. 你喜欢自己的班级吗?(   )

A. 非常喜欢　　　　　　　　　　B. 不太喜欢

C. 不清楚

如选择 A,请完成第 16 题;如选择 B,请完成第 17 题,否则请直接完成第 18 题。

16. 你喜欢自己的班级的原因是什么?(   )

A. 同学友爱　　　　　　　　　　B. 学习氛围好

C. 老师很关心我们　　　　　　　D. 班级里有很多我的好朋友

E. 班级开展了丰富的活动　　　　F. 其他:＿＿＿＿＿(请填写)

17. 你不喜欢自己的班级的原因是什么?(   )

A. 班级环境布置单调　　　　　　B. 老师太严厉

C. 和同学玩不到一起　　　　　　D. 班级生活枯燥

E. 其他:＿＿＿＿＿＿＿＿(请填写)

18. 当你犯错时,老师一般会怎么做?(　　　)(多选)

A. 不问原因,大声呵斥　　　　　　B. 让我写检讨

C. 等我情绪稳定后与我沟通　　　　D. 请家长

E. 了解事情原委,帮助我一起想办法

F. 其他:＿＿＿＿＿＿＿＿(请填写)

19. 当你遇到困难时,一般会怎么做?(　　　)(多选)

A. 找好朋友帮忙　　　　　　　　　B. 找老师帮忙

C. 告诉家长　　　　　　　　　　　D. 等着别人来帮我

E. 其他:＿＿＿＿＿＿＿＿(请填写)

20. 当你找老师帮忙时,他(她)一般会怎么做?(　　　)(多选)

A. 和我一起想办法,鼓励我

B. 不理睬,建议我去找别人(班主任或家长)沟通

C. 答应帮助,但事后没有回音

D. 其他:＿＿＿＿＿＿＿＿(请填写)

21. 如果班级小朋友和你一起竞争班级某一个荣誉,你会真心祝贺他当选吗?

(　　　)

A. 真心祝贺　　　　　　　　　　　B. 有点难过,但是会表示祝贺

C. 沉浸在自己失败的悲伤中　　　　D. 我很不高兴,不想祝贺

22. 当别人需要帮忙时,你通常会怎么做?(　　　)

A. 积极主动帮忙

B. 先做自己的事情,然后再考虑帮忙

C. 怕麻烦,不想帮忙

D. 怕受骗,不敢帮忙

E. 找好朋友一起帮助,不敢一个人帮忙

F. 其他:＿＿＿＿＿＿＿＿(请填写)

23. 如果别的小朋友不小心弄坏了你的东西,你会原谅他吗?(　　　)

A. 肯定原谅

B. 考虑一下,可能原谅,可能不原谅

C. 肯定不原谅

D. 其他:＿＿＿＿＿＿＿＿(请填写)

24. 看到不友善的行为时,你会怎么做? (　　　)

A. 想办法制止

B. 不关心,和我没关系

C. 在旁边关注事情的发展,别人怎么做我就怎么做

D. 怕给自己惹麻烦,不会轻易制止

E. 寻求他人帮助

F. 其他:_____(请填写)

25. 看到受伤的小动物,你通常会怎么做? (　　　)(多选)

A. 带到安全的地方,再告诉家长或老师

B. 带回家或宠物医院进行医治

C. 不管它

D. 带到安全的地方,从家里拿东西进行护理

E. 其他:_____(请填写)

26. 你关心的环境问题有哪些? (　　　)(多选)

A. 节约能源(节水、节电、绿色出行等)

B. 垃圾分类

C. 绿化种植

D. 环境污染(水污染、空气污染、一次性用品的使用等)

E. 我还小,不怎么关心

F. 其他:_____(请填写)

27. 你所在班级是否开展过"仁爱教育"? (　　　)

A. 总是　　　　　B. 经常　　　　　C. 有时　　　　　D. 从不

E. 不清楚

如果选择 A、B、C 请做第 28、29 题,否则请做第 30 题。

28. 你所在班级开展过哪些形式的"仁爱教育"? (　　　)(多选)

A. 在线主题微课　　　　　　　B. 分享仁爱故事

C. 看与仁爱相关的影片　　　　D. 开主题班会

E. 实践体验活动(比如感恩活动、环保活动、爱心公益活动等)

F. 其他:_____(请填写)

29. 你最喜欢哪一类活动? (　　　)(多选)

A. 在线主题微课　　　　　　　B. 分享仁爱故事

C. 看与仁爱相关的影片   D. 开主题班会

E. 实践体验活动(比如感恩活动、环保活动、爱心公益活动等)

F. 其他:＿＿＿＿＿＿＿＿(请填写)

30. 你是否愿意参加与"仁爱教育"相关的班级活动?(　　)

A. 非常愿意   B. 比较愿意   C. 不太愿意   D. 不愿意

如果选择 C 和 D,请完成第 31 题。

31. 如果你不太愿意或者不愿意参与"仁爱教育"活动,主要原因是什么?(　　)(多选)

A. 学业繁忙,没时间   B. 内容无聊,没兴趣

C. 活动形式单一,太枯燥   D. 活动没意义

E. 家长不支持   F. 其他:＿＿＿＿＿＿＿(请填写)

32. 你希望学校开展哪些"仁爱教育"主题活动?(　　)(多选)

A. 爱心义卖活动   B. 社区志愿者服务活动

C. 慰问孤寡老人或残疾人活动   D. 感恩父母活动

E. 生态环保活动

F. 其他活动(请补充)＿＿＿＿＿＿＿＿＿＿＿＿。

非常感谢你花时间完成这份问卷! 你的意见对我们非常重要,将帮助我们更好地理解和提高"仁爱教育"的质量。再次感谢你的参与和贡献!

小学生"仁爱教育"现状的调查问卷(教师卷)

老师,您好!

"仁爱"是我国传统美德之一,它的内涵包括多个方面,如对他人的尊重、关心、帮助和宽容,对国家和民族的热爱,对社会和事业尽职尽责,对生命、对人类、对自然的博爱等。为了了解"仁爱教育"对当前小学生意识与行为状况的影响,我们特别邀请您参与本次调查问卷。本问卷的结果将只用于"仁爱"教育研究,对您的答案我们会严加保密,不会给你的工作和生活带来困扰,希望您能根据实际情况认真填写,谢谢合作!祝你身体健康,工作顺利!

一、基础信息

1. 您的性别是(　　)

A. 男　　　　　　　　　　　　B. 女

2. 您的职称是(　　)

A. 暂未评级　　　　　　　　　B. 二级教师

C. 一级教师　　　　　　　　　D. 高级教师

E. 正高级教师

3. 您的学历是(　　)

A. 专科以下　　　　　　　　　B. 专科

C. 本科　　　　　　　　　　　D. 研究生(硕士及以上)

4. 您的教龄是(　　)

A. 5 年以下　　　　　　　　　B. 5～10 年

C. 11～20 年　　　　　　　　　D. 21～30 年

E. 30 年以上

5. 您的班主任工作年限是(　　)

A. 1～3 年　　　　　　　　　　B. 4～5 年

C. 6～10 年　　　　　　　　　　　　D. 11～15 年

E. 16 年以上

6. 您目前所执教的年级是(　　　)

A. 低年段(一、二年级)　　　　　　B. 中年段(三年级)

C. 高年段(四、五年级)

7. 你所在学校的性质是(　　　)

A. 公办小学　　　　　　　　　　　B. 民办学校(随迁子女学校除外)

C. 随迁子女学校　　　　　　　　　D. 九年一贯制学校

二、问卷内容

8. 您认为什么是"仁爱"?(　　　)(多选)

A. 爱党、爱国、爱人民　　　　　　B. 友善待人

C. 爱己、爱人、爱物、爱自然　　　D. 其他:＿＿＿＿＿＿＿＿(请填写)

9. 您认为爱国主要表现在哪些方面?(　　　)(多选)

A. 认识并尊重国家象征(国旗、国徽、国歌等)

B. 了解国家历史和优秀传统文化

C. 了解英雄人物,传承优秀品质

D. 遵守国家法律法规

E. 维护国家利益和尊严

F. 关注国家大事

G. 参加各种爱国主义教育活动、志愿服务活动等

H. 其他:＿＿＿＿＿＿＿＿(请填写)

10. 您认为友善主要表现在哪些方面?(　　　)(多选)

A. 有同情心,能换位思考　　　　　B. 尊重他人

C. 珍爱自己　　　　　　　　　　　D. 经常帮助他人

E. 包容他人　　　　　　　　　　　F. 乐于合作

G. 其他:＿＿＿＿＿＿＿＿(请填写)

11. 和大自然相处的过程中,小学生需要了解并遵守哪些规矩?(　　　)(多选)

A. 爱惜生命,注意安全　　　　　　B. 善待身边的小动物

C. 爱惜个人物品　　　　　　　　　D. 爱护公共设施

E. 绿色生活,注重生态环保　　　　F. 健康生活,吃好每一餐

G. 其他：_____（请填写）

12. 当学生找您帮忙时,您一般会怎么做?（   ）（多选）

A. 鼓励他先自己想办法解决

B. 关注孩子解决问题的过程,必要时和他一起想办法

C. 建议他先去找别人（班主任或家长）

D. 答应帮助,但事后可能会忘记

E. 其他：_____（请填写）

13. 您作为班主任是否注重正向价值观（如社会主义核心价值观等）的有效植入?（   ）

A. 非常注重   B. 比较注重

C. 有时注重   D. 不太注重

E. 不清楚

如果选择 A、B 请做第 14 题,否则请做第 15 题。

14. 您一般注重哪些价值的植入?（   ）（多选）

A. 爱党爱国   B. 好学多问

C. 乐于奉献   D. 明理守法

E. 孝亲尊师   F. 诚实守信

G. 珍爱生命   H. 其他：_____（请填写）

15. 您是否愿意开展正向价值植入的主题教育活动?（   ）

A. 非常愿意   B. 看情况,学校有要求就做

C. 不太愿意   D. 不愿意

16. 您所在学校是否开展过与"仁爱教育"相关的主题教育活动?（   ）

A. 总是   B. 经常   C. 有时   D. 从不

E. 不清楚

如果选择 A、B、C 请做第 17 题,否则请做第 18 题。

17. 你们学校开展过哪些形式的"仁爱教育"活动?（   ）（多选）

A. 在线推送仁爱主题微课

B. 分享仁爱经典故事

C. 看与仁爱相关的影片

D. 开主题校会

E. 实践体验活动（比如感恩活动、环保活动、爱心公益活动等）

F. 其他:＿＿＿＿＿＿＿＿(请填写)

18. 你是否在班级开展过"仁爱教育"？(　　)

A. 总是　　　　　　B. 经常　　　　　　C. 有时　　　　　　D. 从不

E. 不清楚

如果选择 A、B、C 请做第 19、20 题,否则请做第 21 题。

19. 您在班级开展过哪些形式的"仁爱教育"活动？(　　)(多选)

A. 在线推送仁爱主题微课

B. 分享仁爱经典故事

C. 看与仁爱相关的影片

D. 开主题班会

E. 实践体验活动(比如感恩活动、环保活动、爱心公益活动等)

F. 其他:＿＿＿＿＿＿＿＿(请填写)

20. 您觉得哪一类活动比较有效？(　　)(多选)

A. 在线推送主题微课

B. 分享仁爱经典故事

C. 看与仁爱相关的影片

D. 开主题班会

E. 实践体验活动(比如感恩活动、环保活动、爱心公益活动等)

F. 其他:＿＿＿＿＿＿＿＿(请填写)

21. 您是否愿意在班级开展与"仁爱教育"相关的主题教育活动？(　　)

A. 非常愿意　　　　　　　　B. 比较愿意

C. 不太愿意　　　　　　　　D. 不愿意

如果选择 C 和 D,请完成第 22 题;如果选择 A 和 B,请完成第 23 题。

22. 如果您不太愿意或者不愿意开展"仁爱教育"活动,主要原因是什么？(　　)

(多选)

A. 事务繁忙,没时间　　　　　　B. 内容无聊,没有意义

C. 活动形式单一,没效果　　　　D. 家长不支持

E. 其他:＿＿＿＿＿＿＿＿(请填写)

23. 您愿意在班级开展哪些"仁爱教育"主题活动？(　　)(多选)

A. 爱心义卖活动

B. 社区志愿者服务活动(如清洁公共设施等)

C. 慰问孤寡老人或残疾人活动

D. 感恩父母活动

E. 生态环保活动

F. 保护流浪动物

G. 其他活动（请补充）_____。

非常感谢您花时间完成这份问卷！您的意见对我们非常重要，将帮助我们更好地理解和提高"仁爱教育"的质量。再次感谢您的参与和贡献！

小学生"仁爱教育"现状的调查问卷(家长卷)

家长,您好!

"仁爱"是我国传统美德之一,它的内涵包括多个方面,如对他人的尊重、关心、帮助和宽容,对国家和民族的热爱,对社会和事业尽职尽责,对生命、对人类、对自然的博爱等。为了了解"仁爱教育"对当前小学生意识与行为状况的影响,我们特别邀请您参与本次调查问卷。本问卷的结果将只用于"仁爱教育"研究,对您的答案我们会严加保密,不会给您的工作和生活带来困扰,希望您能根据实际情况认真填写,谢谢合作! 祝您身体健康,工作顺利!

一、基础信息

1. 您是孩子的( )

A. 爸爸　　　　　　　　　　　B. 妈妈

C. 其他监护人

2. 您的年龄是( )

A. 20～30 岁　　　　　　　　　B. 31～40 岁

C. 41～50 岁　　　　　　　　　D. 50 岁以上

3. 您的职业是( )

A. 企事业单位管理人员

B. 企事业单位非管理人员

C. 生产、运输、设备操作人员

D. 农民

E. 专业技术工作者(医生、教师、工程师等)

F. 个体经营者或服务业人员

G. 全职妈妈(爸爸)

H. 军人

I. 其他：＿＿＿＿＿＿＿（请填写）

4. 您的受教育程度是（　　）

A. 初中及初中以下　　　　　　　　B. 高中（含高职、中专、技校）

C. 大专　　　　　　　　　　　　　D. 本科

E. 研究生（硕士及以上）

5. 家庭中，有关您孩子的教育一般由谁主要承担？（　　）

A. 爸爸　　　　　　　　　　　　　B. 妈妈

C. 爸爸妈妈共同承担　　　　　　　D. 祖辈（爷爷/奶奶/外公/外婆）

E. 其他：＿＿＿＿＿＿＿（请填写）

二、问卷内容

6. 您认为什么是"仁爱"？（　　）（多选）

A. 爱党、爱国、爱人民　　　　　　B. 友善待人

C. 爱己、爱人、爱物、爱自然　　　D. 其他：＿＿＿＿＿＿＿（请填写）

7. 您认为爱国主要表现在哪些方面？（　　）（多选）

A. 认识并尊重国家象征（国旗、国徽、国歌等）

B. 了解国家历史和优秀传统文化

C. 了解英雄人物，传承优秀品质

D. 遵守国家法律法规

E. 维护国家利益和尊严

F. 关注国家大事

G. 参加各种爱国主义教育活动、志愿服务活动等

H. 其他：＿＿＿＿＿＿＿（请填写）

8. 您认为友善主要表现在哪些方面？（　　）（多选）

A. 有同情心，能换位思考　　　　　B. 尊重他人

C. 珍爱自己　　　　　　　　　　　D. 经常帮助他人

E. 包容他人　　　　　　　　　　　F. 乐于合作

G. 其他：＿＿＿＿＿＿＿（请填写）

9. 和大自然相处的过程中，小学生需要了解并遵守哪些规矩？（　　）（多选）

A. 爱惜生命，注意安全　　　　　　B. 善待身边的小动物

C. 爱惜个人物品　　　　　　　　　D. 爱护公共设施

E. 绿色生活,注重生态环保　　　　　F. 健康生活,吃好每一餐

G. 其他: ＿＿＿＿＿＿＿(请填写)

10. 当孩子犯错时,您一般会怎么做?(　　)

A. 很生气,大声责骂,有时还会动手

B. 虽然生气,但会询问原因,并下令不允许再发生类似事情

C. 心平气和地了解原因,并一起讨论解决的方法

D. 让他自己解决问题

E. 替代他去解决问题

F. 其他: ＿＿＿＿＿＿＿(请填写)

11. 当您教育孩子时,他一般是怎么做的?(　　)

A. 都能接受　　　　　　　　　B. 思考一下,觉得对的就接纳

C. 不同意我们的观点,经常顶嘴　　D. 点头回应,但听过算过

E. 其他: ＿＿＿＿＿＿＿(请填写)

12. 您的孩子对父母或长辈有过以下哪些行为?(　　)(多选)

A. 主动做家务

B. 言语上关心

C. 自己的事情自己做,不给父母添麻烦

D. 帮父母解决一些问题

E. 遇事不发脾气,能好好沟通

F. 几乎都没有做过

G. 其他: ＿＿＿＿＿＿＿(请填写)

13. 您孩子喜欢自己的班级吗?(　　)

A. 非常喜欢　　　　　　　　　B. 不太喜欢

C. 不清楚

如选择 A,请完成第 14 题;如选择 B,请完成第 15 题,否则请直接完成第 16 题。

14. 您孩子喜欢自己的班级的原因是什么?(　　)

A. 同学友爱

B. 学习氛围好

C. 老师很关心

D. 班级里有很多好朋友

E. 班级开展了丰富的活动

F. 其他：_____（请填写）

15. 您孩子不喜欢自己的班级的原因是什么？（　　　）

A. 班级环境布置单调　　　　　　　　B. 老师太严厉

C. 和同学玩不到一起　　　　　　　　D. 班级生活枯燥

E. 其他：_____（请填写）

16. 当您孩子犯错时，老师一般会怎么做？（　　　）（多选）

A. 先安抚他的情绪，再与孩子沟通

B. 了解事情原委，指导孩子想办法解决

C. 请家长教育

D. 让他写检讨

E. 其他：_____（请填写）

17. 您孩子所在班级是否开展过"仁爱教育"？（　　　）

A. 总是　　　　B. 经常　　　　C. 有时　　　　D. 从不

E. 不清楚

如果选择 A、B、C 请做第 18 题，否则请做第 19 题。

18. 您孩子所在班级开展过哪些形式的"仁爱教育"活动？（　　　）（多选）

A. 在线推送仁爱微课

B. 仁爱经典故事

C. 看与仁爱相关的影片或视频故事

D. 开主题班会

E. 实践体验活动（比如感恩活动、环保活动、爱心公益活动等）

F. 其他：_____（请填写）

19. 您孩子最喜欢哪一类的活动？（　　　）（多选）

A. 在线观看仁爱微课

B. 分享仁爱故事

C. 看与仁爱相关的影片或视频故事

D. 开主题班会

E. 实践体验活动（比如感恩活动、环保活动、爱心公益活动等）

F. 其他：_____（请填写）

20. 您是否愿意支持孩子参加与"仁爱教育"相关的班级活动？（　　　）

A. 非常愿意　　　B. 比较愿意　　　C. 不太愿意　　　D. 不愿意

如果选择 C 和 D,请完成第 21 题;如果选择 A 和 B,请完成第 22 题。

21. 如果您不太愿意或者不愿意支持孩子参与"仁爱教育"活动,主要原因是什么?( )(多选)

　　A. 学业繁忙,没时间

　　B. 没什么效果

　　C. 活动没意义

　　D. 其他:＿＿＿＿＿＿＿＿(请填写)

22. 您希望学校开展哪些"仁爱教育"主题活动?( )(多选)

　　A. 爱心义卖活动

　　B. 社区志愿者服务活动(如清洁公共设施等)

　　C. 慰问孤寡老人或残疾人活动

　　D. 感恩父母活动

　　E. 生态环保活动

　　F. 保护流浪动物

　　G. 其他活动(请补充)＿＿＿＿＿＿＿＿。

非常感谢您花时间完成这份问卷! 您的意见对我们非常重要,将帮助我们更好地理解和提高"仁爱教育"的质量。再次感谢您的参与和贡献!

后　记

　　《师有仁　生有爱——新时代小学"仁爱教育"的传承与创新》的出版，是对我们多年来从事的中华优秀传统文化传承和社会主义核心价值观弘扬的探索小结，也是完成立德树人根本任务和深化新时代小学德育内涵的创新。

　　教育是有规律的，德育工作也同样如此。要使新时代的小学德育工作更有成效，必须在内容上与悠久的历史文化结缘，与新时代的社会需求合拍，与学生健康成长的教育理想相谐。本书所记载的事例和阐述的道理，展现了新时代小学仁爱教育的天地、作为和些许经验。

　　我们以课题为引领，围绕小学实施仁爱教育的背景和实体，在内容和方式上进行了传承与创新。上海市闵行区有 12 所学校加入仁爱教育的实践团队，其中 8 所公办小学：七宝明强小学、实验小学、华师大附属紫竹小学、上师三附小、莘松小学、罗阳小学、航华一小、闵行中心小学；2 所九年一贯制学校：交大马桥实验学校、华漕学校；2 所民办小学：协和双语学校（虹桥校区高端民办）、塘湾小学（随迁子女学校）。本书的撰写与出版，也有他们的功劳。在此，向他们表达诚挚的敬意。

　　在本书的形成过程中，得到了闵行区教育局、闵行区教育学院和闵行区慈善基金会的大力支持与帮助，也得到了许多校长、教师、教研员的指导，尤其是一线教师的广泛参与，在这里表示衷心的感谢！

　　作为一家之言，本书还有许多需要探索的地方，为此，恳切希望读者提出批评和建议，以便日臻完善。

顾彩娟

2024 年 12 月 25 日

图书在版编目（CIP）数据

师有仁　生有爱：新时代小学"仁爱教育"的传承
与创新 / 顾彩娟著. -- 上海：文汇出版社, 2025. 5.

ISBN 978-7-5496-4494-0

Ⅰ. G621. 6

中国国家版本馆 CIP 数据核字第 202504QR09 号

"新师说"书系

师有仁　生有爱

——新时代小学"仁爱教育"的传承与创新

作　　者 / 顾彩娟

责任编辑 / 张　涛

封面装帧 / 梁业礼

出 版 人 / 周伯军

出版发行 / 文汇出版社

上海市威海路 755 号　（邮政编码：200041）

经　　销 / 全国新华书店

排　　版 / 南京展望文化发展有限公司

印刷装订 / 启东市人民印刷有限公司

版　　次 / 2025 年 5 月第 1 版

印　　次 / 2025 年 5 月第 1 次印刷

开　　本 / 720×1000 mm　1/16

字　　数 / 260 千字

印　　张 / 15

ISBN 978-7-5496-4494-0

定　　价 / 65.00 元